書くだけで理想を実現！
日行
「感謝日記」

柳澤 三樹夫

同文舘出版

はじめに　　夢を叶える「感謝力」

「感謝力」──感謝する力は、夢の実現へと導いてくれます。

目の前の出来事を通じて、夢を実現するために必要なヒントを、気づかせてくれるからです。本書は、その気づきを与えてくれるツール「感謝日記」をご紹介するものです。

「なんだ、日記か。面倒くさそう。無理無理、続かないし」

と思われた方、ご安心ください。日記といっても、たった3行書くだけですから。しかも、馴れてくると書く必要のない日記なのです。

書く必要のない日記？

そうです。書く必要のない日記です。

これからご紹介する日記の3行を、頭の中で思考できれば十分だからです。

本書は、このような人のために書きました。

・夢はあるが一歩を「踏み出せない方」
・一歩は踏み出しているが「苦戦している方」
・夢なんて戯言にすぎないと「諦めた方」
・仕事に物足りなさを感じ、何かに「挑戦したいと思われる方」

もしいま申し上げた中に、何か感じるものがあれば、本書は皆さんの力になってくれるかもしれません。人生は一度しかありません。一回こっきりの自分の人生、充実したものにしたいと思いませんか？

ちょっと大げさかもしれませんが、命を代償にしてもよいと思えるほどの夢を心に描き、恥も外聞もすててその実現に向けて全力を尽くす。そうする中で、いろんなことに気づき、そして学びを得ながら、夢の実現に一歩一歩近づいていく。

　あと何年後、あるいは何十年後に必ず向き合わなければならない"お迎え"がきたときに、「あぁ、○○しておけばよかった……」とはいいたくありませんよね？

　決して自己満足を肯定するものではありませんが、「充実した人生だった」といい切って、悔いを残さず天国に行きたいものです。

　皆さんはどのような人生を送りたいですか？
　楽しい人生。それとも、充実した人生──

　本書の内容は、夢実現の「魔法の杖」をご紹介するものではありません。どちらかといえばそれと対極で、一つひとつ積上げることで、夢に一歩一歩近づくものです。

　夢に確実に近づいていく上で必要であろう、私の実体験に基づく考え方、そして具体的な手法、そしてツールをこれからご紹介させていただきます。

　決してそれらを押しつけるものではありませんし、またそれを望みません。人それぞれの価値観に合わせて、本書の内容を取捨選択くだされば幸いです。

　本書が少しでも、皆さまの理想実現のお役に立つところがあれば、著者としてこれほど嬉しいことはありません。

2007年7月　　柳澤三樹夫

Contents

書くだけで理想を実現！
1日3行「感謝日記」

はじめに

プロローグ
どん底サラリーマンだった私を救った「おかげ様発想」 ……… 6

基礎編
どうすれば理想の自分になれるのか

Lesson 1　なぜ理想は実現しない？ ……… 12
Lesson 2　私を変えた「おかげ様発想」とは？ ……… 17
Lesson 3　出来事には2つの側面がある ……… 20
Lesson 4　おかげ様発想は"ニュートラル"思考！ ……… 24
Lesson 5　おかげ様発想は「原因自分論」 ……… 28
Lesson 6　目の前に起こることは必要必然 ……… 32
Lesson 7　「感謝日記」ってこういうもの ……… 35
Lesson 8　感謝日記で好循環サイクルを回す ……… 38
Lesson 9　自分を納得させるからドライブもかかる ……… 42
Lesson10　「書く」ことで得られる効果とは？ ……… 45
Lesson11　感謝日記は「実力養成ギプス」 ……… 48

実践編
「感謝日記」を書こう

- Lesson12　ワクワクできたら50%は実現！……… 54
- コラム　　夢と目標はどう違う？……… 58
- Lesson13　理想を思い描く ……… 59
- Lesson14　感謝日記を使おう！……… 65
- Lesson15　STEP1　本音を書く ……… 69
- コラム　　「有難う」には3つの意味がある？……… 79
- Lesson16　STEP2　感謝日記を眺めて課題に気づく ……… 80
- Lesson17　STEP3　課題を次の行動に活かす ……… 86
　　　　　　　　　（創意工夫し理想に一歩近づく）
- Lesson18　「受動的な感謝」と「能動的な感謝」……… 90

応用編
「感謝日記」をもっとうまく使おう

- Lesson19　あれ、悪循環？　と感じたら ……… 96
- Lesson20　何のために理想を実現したいのか ……… 100
- Lesson21　強烈な願望を心に抱く ……… 103
- Lesson22　課題をうまく実行するには？ ……… 106
- Lesson23　「失敗したかな」と思ったら ……… 110
- Lesson24　力がつくまで「なにくそ感謝」で！ ……… 112
- Lesson25　感謝される存在をめざそう！ ……… 115

付録　「感謝日記」全シート ……… 119
おわりに

カバーデザイン　新田 由起子
本文DTP　　　　ムーブ（川野 有佐）

プロローグ

どん底サラリーマンだった私を救った「おかげ様発想」

　私は1年前に独立するまで、とある会社に勤めていました。
　勤務していたのは、営業日報を活用した業績アップツールを提供する企業。経営コンサルティング会社とシステム会社が融合したような、とてもユニークな会社です。ＳＦＡ（営業支援システム）といって、コンピュータソフトの販売とコンサルティングサービスを提供していました。日報型ＳＦＡを手がけるなかでダントツNo.1の企業です。
　会社からお給料をもらって、私はそれなりに満足できる生活をしていました。昇進も早いほうだったと思います。

　その会社には「チャレンジ役職」という言葉があって、社長から「お前は力がないけど管理職にチャレンジしてみるか？」というくらいの軽い感じで管理職を経験させてもらいました。当時は営業部門の次長職。肩書きは部長ではなかったものの、営業部門の責任者、イコール東京本社の責任者でした。

責任者といってもプレイングマネージャーですから数字は稼がなければいけません。ここがプレイングマネージャーの辛いところです。
　経験のある方はわかりますよね。

　営業部門の次長職に抜擢されて、気合十分でバリバリ働きました。睡眠時間は1日に3、4時間。目の下に隈ができました。今でも取れません。寝て起きたと思ったら会社のデスクの前。あっという間に夜中になって家に帰って寝るだけの生活でした。当然、土曜、日曜はありません。
　それほど一所懸命に仕事をしているのですから、結果が出てもよさそうなのに、まったく逆――成果が出なかったのです。
　「あれ？」という感じで、世の中がどうなっているのか、とても不思議でした。一所懸命がんばっていれば、普通、助け舟がくるんじゃないの？　って思っていたのに、それがこない……。

　社長に会うと、1～2時間くらい説教を食らって、これでもかというくらい叩きのめされました。いい大人が社長の前で一度だけ泣いたことさえあります。そのときは、悔しくて悔しくて、涙が止まりませんでした。
　「こんなにがんばっているのに、これ以上何をやれっていうの？」と内心思っていました。数字を上げるために何かをしたいものの、気持ちが焦るばかりで、完全に思考停止状態。

　悪いことは続くもので、そんなときに、大事件が発生します。

心底、惚れていた彼女に振られてしまいました。はじめて結婚しようと考えた人で、「その人のためならなんでもできる」と思うくらい好きでした。そんな人が、私の元を去ってしまったのです。
「なんでこのタイミングなわけ……？」
　いまなら理由はわかります。負のオーラを放っている男性に、だれも魅力を感じないでしょう。
　失恋の痛みは皆さんも理解できると思いますが、本当に辛くて辛くて、何をどうしていいのかわからなかった。夜中に自宅に帰ってきても眠れない。飯も食えないし、かなりヤバかったと思います。
　ところが、それで終わりではありませんでした。
　降格してしまったのです、営業次長から営業課長へ。
　しかも私の上司になったのは、私の元部下。
　辛い。
　昨日まで部下だった人が、今日から上司になってしまったのです。
「うぁああああああ」と叫びたい気分で、さすがに会社に行くのが嫌になりました。恥ずかしくて、情けない感情を抑えることができない。同僚から「最近お前おかしいぞ」といわれても何もいえませんでした。情けなくて。

　挙句の果てには、救急車で病院に運ばれてしまいました。
　夜中の３時くらいに激痛が走り、必死の思いで電話をかけて病院につくと、看護婦さんが淡々といいます。
「柳澤さん、結石ですね」
「結石？　結石になるような不摂生をした覚えもないのに、なん

で?」
　と思いながらも、看護婦さんの腕をつかんで「とにかくなんでもいいから、この痛みを取り除いてくれ!」と叫んだのは覚えています。
　2日後に有名企業の研修会講師を予定していたので、よりによってなんでこんな日に、と思いましたが、当日の東京は大雪で飛行機が欠航に。不幸中の幸い。助かりました。

　仕事もだめ、プライベートもだめ、何をやってもだめづくし。
　がんばっているのに営業成績は上がらないわ、彼女に振られるわ、挙句の果てには降格になって、しかも上司になった人は、元部下。
　おまけに結石までついてきて、救急車の初体験。
　ダブルパンチ、トリプルパンチに結石というご遠慮願いたい特典までついて、本当にどん底でした。

　なんで俺だけがこんな目に遭わないといけないのか。もっとちんたら仕事しているやつもいるだろ!　せめて結石ぐらいはそっちにいってくれればいいのに──
　と、こんな調子です。

　本当に情けないことばかりで恥ずかしい限りですが、恥を承知でこのようなことを書こうと思ったのは、実はこの経験が、本書で皆さんにお伝えする「おかげ様発想」を思いつく原体験になったからです。
　そのとき感じたことをひと言で表わすなら、こんな言葉に尽きます。

マイナスの中にもプラスがある

　つまり、ピンチやマイナスの出来事は、私たちがより成長するためのきっかけにすぎないということ。
　私はこの経験の「おかげ」で、どんな状況であろうと目の前の出来事から、理想を実現するために今の自分に必要な機会（チャンス）を見出し、それを次の行動に活かすことによって、夢の実現に一歩一歩近づいていくことができるようになったと思っています。

　もし皆さんも思うようにことが進まず悪戦苦闘されているとすれば、それは、理想を実現するすためのまたとない機会（チャンス）だと思うのです。

　本書でご紹介する「感謝日記」は、日々の出来事の中から機会（チャンス）を見出し、それを次の行動に活かすことによって、一歩一歩確実に、夢の実現に近づいていくための道具です。
　嬉しい出来事、悔しい出来事、なんでもかまいません。その出来事をたった3行の文章につづることで、あるいは思考することによって、理想の実現に近づけると、私は信じています。

基礎編

どうすれば
理想の自分になれるのか

Lesson 1

なぜ理想は実現しない？

☐ 目の前の出来事に潜む「問題」がわからない
☐ つい不平・不満・グチをもらしてしまう
☐ 理想と現実のギャップが大きく行動に移せない

理想実現の3つのステップ

　「感謝日記」を書くことで、「感謝力をつける」。それは「理想を叶えるため」――そのようにご説明しましたが、あなたは「理想」を持っていますか？
　「理想」は「願望」あるいは「夢」といってもいいし、もっと身近に「目標」と表現してもいいかもしれません。
　「こうなりたい」「こうありたい」と思うこと、ひとつや2つはあるんじゃないでしょうか。

　たとえば、仕事に関することなら――
　「会社で出世して社長になりたい」
　「40歳までに独立して会社を興したい」
　「営業成績でトップに立ちたい」

「年収を2倍にしたい」

など、何かしら、似たような理想を皆さんも持っているのではないでしょうか？

でも、それらを実現することは容易ではないですよね。

むしろ

「社長になりたいけど、絶対に無理だろう……」

「トップ営業マンになりたいけど、いつも最下位のほうだから……」

と、諦めに似た気持ちが先に出てしまうことのほうが多いのではないでしょうか。

では、どうして理想は実現しないと思ってしまうのでしょう。

理想を実現するには、理想の実現を阻むもの（原因）を明らかにして、今やるべきこと（課題）を設定し、それを実行に移せばいいだけです。

1　「原因」を明らかにする
2　問題解決のための「課題」を設定する
3　課題を「実行」する

整理すると、3つのステップを踏む必要があります。

たった3つですから、さほど難しいことではない、ともいえます。

目の前の問題に潜む「原因」に気づけない

ところが、当たり前のことを当たり前に行なうことは、思いのほか難しいものです。

まず、目の前の出来事に潜む「原因」に気づくことが簡単ではありません。
　「トップ営業マンになりたい」という理想を持っているのに「営業成績が伸びない」とき、

　「あーあ、なんて自分はダメなんだろう……」
　「上司が余計な仕事を押しつけてこなければ、もっとお客回りができたのに。あいつさえいなければ……」
　「景気が悪いんだから仕方ない。自分ではどうにもならないことだ」

と、グチめいた感情を持ってしまうことも少なくありません。
　私自身もそう感じていたので、よくわかります。ですから、「グチをいってはいけない」といいたいのではありません。
　ただ、本当に「トップ営業マンになりたい」と思うのであれば、「営業成績が伸びない」ことの「原因」はなにか、を明確にしないことには、対処のしようがありません。

　たとえば、熱が下がらないときには、病院に行くと思います。病院の先生は、熱という現象を引き起こしているものを探るため、問診や触診を通じて、熱の原因を特定していきます。原因は風邪である可能性が高いと判明してはじめて、風邪に効く薬を処方してくれます。風邪をひいているのに痛み止めを飲んでも熱は下がりません。まずは本当の「原因」を特定しなければなりません。

　「営業成績が伸びない」という問題の原因を考えることも、病院のたとえと同じプロセスを辿ります。ところが、仕事の現場では病院の先生とは違い、上司との意見の食い違いや、部下が思うような成果を

出せない、あるいは顧客のクレームなど、さまざまな出来事が起こり感情を刺激します。

人間ですから仕方のないことですが、頭ではわかっていても、ついそういった出来事にとらわれてしまいがちです。そうなると、冷静に、問題の原因を明らかにすることができなくなってしまうものです。

行動を起こせない

また、原因を明らかにすることと同様に難しいのは、問題を解決するための「課題」を設定し、それを「実行」に移すことです。

理想が壮大であるほど、理想と現実のギャップ（問題）も大きく見えてしまい、いまやるべき課題がとても些細なことに見えてしまうこともあります。

頭の中では課題を実行したほうがいいとわかっていても、なかなかアクションを起こせない——これも現実ではないでしょうか。

「出世して将来社長になる」という理想を実現するためには、営業成績を上げることが必要だとしましょう。

営業成績を上げるための自分の課題は、「お客様との信頼関係を強固にすること」と判明したとします。信頼関係を築くには「毎日手紙やハガキを出す」ことが効果的だ、とわかったとしても、「社長になりたい」という「理想」と「営業成績が伸びない」という「現実」のギャップが大きすぎて、実行をためらってしまうこともあります。

結局、何も行動できないまま、時間だけが過ぎていくことになる。悪循環です。

些細なことに取り組めば、なおさら成果も出やすいですし、行動したという達成感も残ります。達成感がまた次のやる気と自信につながることもありますが、なにせ行動しませんから達成感を味わうこともできません。

　ある方は、仕事中に「あれもやりたい、これもやりたい」とその時々では考えるけど、目先の出来事にとらわれてしまったり、そもそも考えたこと自体を忘れてしまうこともあって、何もできないことが多かったといいます。意外にそういう方は多いようです。

　ただその方は、「感謝日記」を試したことによって、目の前で起こっている出来事の「原因」を見出し、「課題」を設定し、あまり難しく考えずに「実行」できるようになったそうです（感謝日記の運用方法は54ページ以降の実践編で説明します）。

　このように、目の前の出来事から理想を実現するためのヒントに気づいて、はじめの一歩を踏み出すことができるようになる──そんなヒントを与えてくれるツールが「感謝日記」です。

Lesson 2
私を変えた「おかげ様発想」とは？

- □ その出来事の「おかげで」○○になった、と考える
- □「問題」は理想に近づく機会（チャンス）
- □「問題」の表面しか見ないと、その後に活かすことはできない

問題の「原因」を教えてくれる「おかげ様発想」

「感謝日記」を書いて、理想実現に近づく——その際、欠くことのできない考え方が「おかげ様発想」です。

おかげ様発想とは、出来事を捉えるときの発想法のことをいいます。

次のようなことをいったり、いわれたりした経験はありませんか？

「君のおかげで、○○できたよ。どうもありがとう」

「おかげ」とは、相手に「感謝」の意を伝えるときに用いる表現です。これを応用して、自分の理想実現のために活用しようというのが、「おかげ様発想」です。

おかげ様発想は、人ではなく「出来事」に対して「○○のおかげで

〜」と発想する点が、通常の使い方と異なります。

　発想の仕方はこうです。

　自分が行動した結果に対して、

「その出来事のおかげで、〇〇に気づいた、△△を学んだ」

と発想してみるのです。

　さきほど、理想実現のためには「原因を明らかにする」ことが必要だけど、なかなか原因に気づくことができない、とお話ししました。

　そんなとき、おかげ様発想は、目の前にあるのに気づかなかったこと――理想を実現するためのヒントを、その出来事から見出すきっかけを与えてくれるのです。

問題は機会（チャンス）！

　詳しくはのちほどご説明しますが、問題の原因を特定することは理想を実現する上できわめて大切なことです。

　問題と聞くとなんとなくネガティブな印象を持ってしまいがちですが、そうではありません。理想あるいは目標を実現するための、「機会（チャンス）」として捉えればいいのです。その問題を解決できれば、理想に一歩近づくことができるわけですから。

　逆にいえば、その問題の原因を特定しなければ、理想に近づくことも実現することもできません。

　要するに、「おかげ様発想」とは、目の前の出来事から、理想を実現するために今の自分に必要な「機会（チャンス）」を引き出す、「引き金」の役割を果たしてくれるものなのです。

しかしながら困ったことに、機会はさまざまな形で私たちの目の前に姿を現わします。

嬉しい出来事もあれば、悔しい出来事もあります。実にさまざまで、嬉しいとか悔しいなどの表面的なことにとらわれてしまったり、ぼやっとしていると、せっかくの機会（チャンス）の存在に気づくことはできません。

「降格」も「機会（チャンス）」！

私の例でいえば、プロローグで書いたとおり、営業成績の未達成、降格に加え、いくつかのおまけがついた姿で「機会（チャンス）」はやってきました。

降格などは、表面的に見れば歓迎したい出来事ではありません。そんな表面的な部分にとらわれてしまうと、単に「ついていない出来事」として、それらの経験を活かすことなく終わってしまったでしょう。

しかし、「おかげ様発想」でこの出来事を見つめ直してみると、営業成績の未達成、降格という経験のおかげで、自分の至らない点に気づき、それを改善することができたのですから、理想に近づくための機会（チャンス）と捉えることもできるのです。

私の場合、このように発想を切り替えたことによって、降格した年に営業部員の中でトップの営業成績を残すことができました。さらに、幸運なことに課長職から部長職に昇格という、新たな機会にも恵まれました。当時の私にとっては、こうした経験がとても大きな自信にも繋がったのです。

Lesson 3

出来事には
2つの側面がある

- ☐ おかげ様発想すると考え方が180度変わる
- ☐ 幸運にも不運は潜み、その逆もある
- ☐ 自分の考え方によって出来事は意味づけられる

機会（チャンス）を見出すことが重要

　「降格か、参った……」と思っていたのを、「降格のおかげで……」と考えたことによって、歓迎しがたい「降格」という出来事を「自分の至らない点に気づき改善する機会」と捉えるようになりました。

　つまり、「〜のおかげで」と考えてみただけで、「降格」という状況にはなんら変化がないのに、私のものごとの捉え方が180度変わってしまったのです。

　私はこの経験から、コインに表と裏があるのと同じように、出来事には2つの側面がある、と思うようになりました。

　普段、何気なく仕事をしているときなどは、ややもすると、失敗した、成功した——といった出来事の表面に意識を向けがちです。

　しかし、素直な心で出来事を見つめ直すことができれば、その出来事の裏側にあるさまざまな機会に気づくことができます。

決して逆境のような経験だけに価値があるといいたいわけではありません。順境だけに価値があるとも思いません。

逆境や順境の出来事そのものに意識をとらわれることなく、日々、身の回りで起こる出来事から「機会」を見出し、そしてそれを次に活かすことができれば、それにこしたことはないと思うのです。

クレームだって「機会」

これは個人の理想の実現だけに限ったことではありません。会社での日常業務においても同じようなことがいえます。

ある企業のセルフマネジメント研修会で「おかげ様発想」についてご説明したことがあります。

ある受講生の方は、たとえば、お客様からのクレームは「サービス改善の機会」と頭ではわかっているものの、クレーム対応という仕事の表面的な嫌な部分にとらわれてしまい、お客様からの要望点をうまく活かせていなかったそうです。

ところが、クレームを「おかげ様発想」で捉えなおしてみると、感情的になることなく、次に活かせるような変化が起こったということです。

「頭では、クレーム等の問題は「改善のよい機会」と捉えなければと思っていても、やっぱり嫌なことなので積極的に取り組むというよりはしょうがなくやっていて、エネルギーが出なかった。それが、前向きなキーワードを使うことでエネルギーが出やすくなったと思います」※企業向けアンケートより抜粋

それを「どう捉えるか」によって価値が変わる

　「降格」「クレーム対応」——いずれも出来事それ自体は何も変わっていません。それなのに「おかげ様発想」をするだけで、ものごとの捉え方が変わってしまうのです。
　中国の故事に、「人間万事塞翁が馬」というものがあります。

　「老人が飼っていた馬が隣国に逃げてしまったが、名馬を連れて帰ってきた。老人の子がその馬から落ちて足を折ったが、そのおかげで隣国との戦乱の際にも兵役をまぬがれて無事であった」

　幸運と思っている出来事の中にも不運は潜んでいるし、不運と思っている出来事であっても幸運は潜んでいる。出来事の禍福は定まり難いものである、という教えです。

　もうひとつ、心理学の分野で言われていることをご紹介します。

　「人間の悩みというのは、ある出来事そのものが原因ではなく、その出来事をどう受け止めるかが原因である。A（出来事）そのものがC（結果）を生むのではなく、B（ビリーブ、受け取り方）が悩みの根源である。（国分康孝著「自己発見の心理学」講談社現代新書）」

　故事と心理学、2つの例から何を感じましたか？
　要するに、出来事そのものになんらかの価値があるのではなく、「それをどう捉えるか」という私たちの考え方しだいで、出来事が意味のあることにも、意味のないことにもなる、ということです。

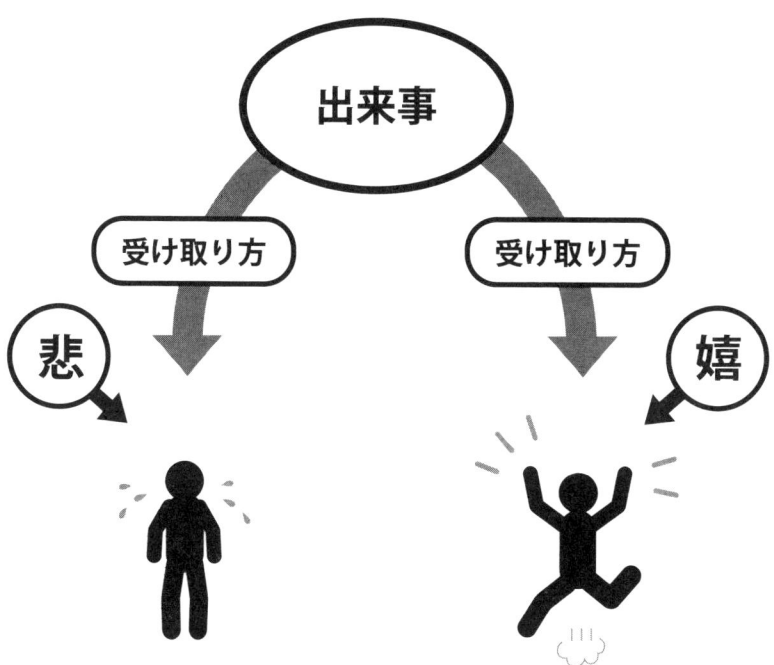

ひとつの出来事でも、受け取る人によって反応は異なる。
同じ人であっても、受け取るときの状況・気分によって反応は変わる。

基礎編

どうすれば理想の自分になれるのか

Lesson 4
おかげ様発想は"ニュートラル"思考!

- □ 「見たいもの」ではなくありのまま見る
- □ プラスとマイナスの両面を捉える
- □ ニュートラル思考は、素直な心

おかげ様発想≠プラス思考

　ここまでお読みいただいて、「おかげ様発想というのは結局、プラス思考、積極思考のこと」と感じられた方もいるかもしれません。似ている面もありますが、私はあえて区別しています。

　「ものごとには2つの側面がある」ということは、すでにご説明しました。私が降格した話でいえば、

　　マイナス：がんばっても結果が出ない。元部下が上司になり、情けない
　　プラス：自己の問題点を改善して成長する機会

と、2つの側面があったのです。

私自身はおかげ様発想をしたことで、マイナス面とプラス面の両方を捉えることができました。

　当初は２つの側面のうちのマイナス面しか見ていなかったところを、プラス面までも受け止められるようになったのです。

　つまり、それまでの「偏った見方」から、ものごとを「あるがまま」に受け止められるようになった、ということです。

　ややもすると人は、自己にとって不都合な出来事ほど、その事実を無視したくなるものです。あるいは、事実に蓋をして、見て見ぬふりをすることもあります。ところが、無視したくなるような事実にも、気づきや学びの機会があるものです。機会を活かすにはまず、素直な心で事実をありのまま見て受け入れなければなりません。

「プラスに思い込もう思考」とは違う

　私は、このような「ものごとをありのまま受け入れる考え方」を「ニュートラル思考」と呼んで、プラス思考や積極思考と区別しているのです。

　プラス思考、積極思考はものごとを肯定的に捉えるための発想法で、その点においてはニュートラル思考も大差はありませんが、それらはややもすると、事実を見ないまま「プラスに思い込もう思考」になることがあるためです。

　事実を受け入れないままプラス思考しようとしても、出来事から教訓を見出せず、次に活かすことができません。

　これに対して、ニュートラル思考なら、出来事を素直な心で見つめ、受け入れ、反省すべきは反省し、次に活かす点が異なります。

そのためには、ものごとをありのまま見て受け入れることが大切となるのです。

感謝を自分に「課す」ことで気づく

　本書で実践していただく「感謝」は、理想を実現するため、あるいは自己成長のために、出来事から学びを見出すためのものです。

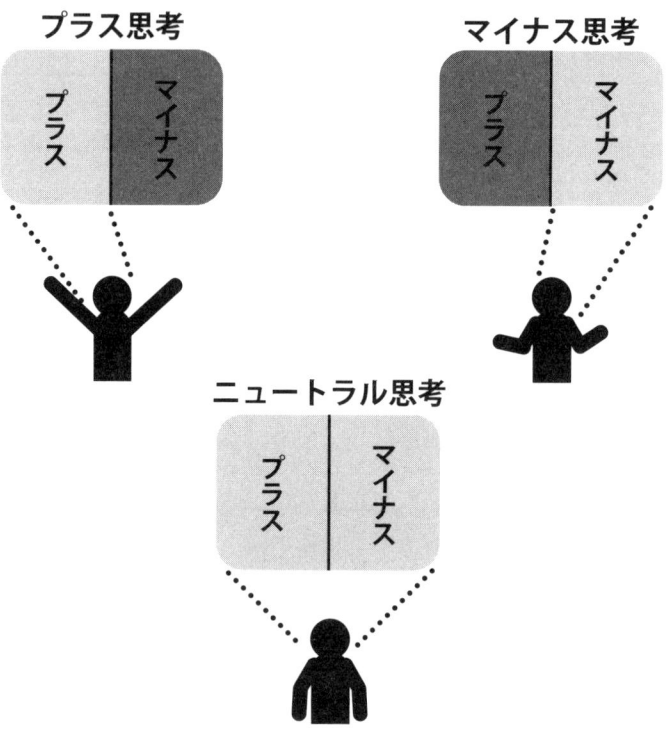

●プラス・マイナス・ニュートラル思考の見方●

悔しい出来事でも学びの機会になることもあれば、嬉しい出来事であっても何も学びのないこともあります。ですから、感謝することと出来事そのものとは、あまり関係はないと思います。

　私の場合、悔しい出来事というのは、たいがいが自分の力量不足が原因です。ですからその出来事を、自己成長の機会として活かすために感謝の視点で出来事を振り返ります。
　そうすると、それまでは見えていなかったものに気づかされることが多々あります。

　決して無理して感謝することをお勧めするものではありませんが、感謝日記というツールで感謝することを自分に課すようになると、その結果、気づかされることがたくさんあるのです。

Lesson 5

おかげ様発想は「原因自分論」

- ☐ 自己に問い直す姿勢が解決を早める
- ☐ 原因他人論は他人に振り回される機会を与えること
- ☐ 人生の主導権を握るカギは原因自分論

　前項では、見たいものを見るのではなく「ニュートラルな思考でありのままを見る素直な心」について考えました。

　さらに、もう一歩踏み込んで、見たものを「原因自分論」の視点で、問い直すことも意識しておきたいものです。

主導権を自分で握る

　原因自分論とは、なんでもかんでも自分に原因を求めよ、ということではありません。この問題は本当に自分に原因はなかったのだろうか？　と冷静に自分に対して問いなおす「姿勢」のことをいいます。

　たとえば、上司と部下というように立場が違えば意見も異なるため、衝突も起きて当然ですが、そんなとき、お互いが「本当に自分に原因はなかったのだろうか？」と問い直すことができれば、より生産

的な関係になれるでしょう。

　もし問題の原因が自分にあるのなら、問題の解決は簡単です。自分に原因があるわけですから、自分で対処することができるからです。

　やっかいなのは、問題の原因を他人に求めてしまう場合です。問題の原因が他人にあると、それを取り除くことは簡単ではありません。他人を変えようと思っても難しいものです。問題の原因を相手に求めようとすればするほど、その相手に自分が振り回される機会をつくっているようなものです。

他人にハンドルを握らせていないか？

　たとえば、運転初心者の友人の車に乗せてもらったとします。運転初心者の助手席というのは、どことなく居心地の悪いものです。不安ですからつい突っ込みをいれたくなります。

　「おいおい、左側に子供がいるぞ。巻き込むなよ。お前見えてんのか！　信号が黄色に変わったぞ、止まんないと危ないぞ！」といったところで、運転手本人は自分でハンドルを握っていて安心感があるためか、ニコニコしながら「大丈夫、大丈夫。ちゃんとわかってるって」と言うだけ。あんまりいいすぎると、お前うるせーな、もう乗せてやらないぞ！　と相手の気分を害するだけです。

　原因を他人に転化するということは、相手にハンドルを渡すこととどこか似ています。

　この場合、何をいったところで、原因であるハンドルを他人が握っている以上、不安から逃れることはできません。ハンドルを自分で握らない限り、安心することはできないのです。

要するに、問題の原因は他人に転化するよりも、原因自分論で発想したほうが、問題の解決は早いのです。

　理想の実現についても同じことがいえるでしょう。自分で掲げた理想や夢、あるいは目標の実現に対して、他人は協力はしてくれるかもしれませんが、あなたに代わってそれを叶えてくれることはありません。理想は、自分でつくり上げていくものであり、最終的な責任は自分しか取れないからです。
　ですから、何か事を成そうと思うときには、すべての責任を自分で引き受ける覚悟を決めることが、きわめて大切だと思います。

「〜のせいで」→「のおかげで」

　しかしながら、このような考え方は大切だと頭では理解していたとしても、現実には「〜のせいで」「○○になった（させられた）」という原因他人論的な発想が生じてきます。
　完璧な人間なんていませんから、このように思うこと自体はいたし方のないことだと思います。しかし、だからといって他人に責任を押しつけているばかりでは、他人に車のハンドルを握られていることと変わりはありません。
　いずれにしても何か事を成そうと思うときに、自分ひとりでできることなんてたかが知れています。周囲の人達に協力してもらわなければなりません。
　そのためには、さまざまな要素が必要です。共感してくれるようなテーマを見つけることも必要でしょうし、求心力のある大義名分も必要でしょう。その他にも必要なものはいろいろあるのですが、その前

に、原因自分論でものごとを思考できるようにしておかなければ、誰もついてきてくれないでしょう。原因他人論で責任転換ばかりするような人に、だれも協力しようとは思わないからです。

　ある経営者の方が面白いことをいっていました。
「郵便ポストが赤いのは自分の責任だと思え」
　最初にこの話を聞いたときには、何をいってんの、この人。ポストが赤いのは国が決めることでしょ、と思いましたが、要するに、郵便ポストの色を変えようと思えば自分でもできる。可能性のあることを行動に移さないのは、自分の責任である、という主旨のことをおっしゃりたかったのだろうと思います。

　原因自分論とは、自分でまいた種（原因・インプット）が、目の前の現象（結果・アウトプット）だと解釈することを意味します。常に原因自分論を持つことはなかなか難しいのも事実ですが、心がけるように意識したいものです。
　原因自分論を選択するのか、それとも原因他人論を選択するのか。人の成長に雲泥の差がでることは言うまでもありません。
　原因自分論とは、自分が主体となって物事を判断することであり、人生の主導権を自分で握ることでもあるのです。

Lesson 6

目の前に起こることは必要必然

☐ 目の前の現実をつくってきたのは過去の自分
☐ 不平不満を言うことは、自分の過去を否定すること
☐ 未来をよりよいものにするには、いまどうしたらいいかを考える

不満の原因をつくったのは誰？

「原因自分論」についてもう少し考えてみましょう。

思うようにことが進み調子のよいときはいいのですが、思うようにならないと、つい目の前の不平不満ばかりに、目が向いてしまうものです。私自身も、前に勤めていた会社で、不平不満をいっていました。
ところが、よくよく考えてみるとこれはおかしな話です。
会社の社長から「どうしてもお前がほしいから入社してくれ」といわれて応募したわけではありません。自分で就職情報誌などを見て、頼まれてもいないのに勝手に応募しているのです。
すぐに辞められては困りますから、面接では
「うちの会社はきついですけど大丈夫ですか？」

「夜も遅いですよ」
「ほぼ毎日終電ですよ」
「うちの社長は鬼ですよ」
　などと、余計なことまで散々聞かされた挙句、それでも「やり切ることができますか？」と聞かれ、「はい。大丈夫です」「気合だけはだれにも負けませんから」と、調子のいいことをいって入社しているのです。

　ところが、実際に入社してみると、はじめのうちは緊張しているせいもあって大人しくしているものの、慣れてくると
「給与が安い」
「遅くまで働かせる」
「従業員の身にもなってみろ」
「俺のプライベートはどうなる」
　──好き勝手なことをいっていたりします。「だったら辞めれば？」と思うのですが、いやそれは困る。飯が食えなくなる。他に行くところもないし……。
　こうなると手に負えません。自分のことでありながら、呆れて何もいえません。

　結局、その状況はだれがつくってきたのか？　と自問自答してみると、

「自分」

　ということになります。当たり前のことですが、目の前の現実をつくってきたのは、自分の「過去」に他なりません。不平不満は、仕事

や会社のことを否定しているようにみえますが、実は自分の過去を否定していることと同じなのです。

　自分を否定しているのです。

よりよい未来にするために、いまどうすればいい？

　目の前の現状は自分の過去の結果でしかありませんから、受け入れて腹を括るしかありません。腹を括った後は、よりよい「未来」をつくるために「今」をどうするかを考えなければなりません。「今」の積み重ねが「未来」になるわけですから。

　たとえば、未来にチューリップの花を咲かせようとするなら、花屋さんに出かけていってチューリップの球根を買ってこなければなりません。
　球根を植えるための土も必要ですし、その土に肥料も与えてやらなければなりません。さらに、植えた球根に水をやって、芽がでてきたら、害虫から守るために農薬が必要になるかもしれません。
　このように、「未来」をよりよいものにするために、「いま」やるべきことはたくさんあります。
　現状の不平不満につい意識が向いてしまうこともありますが、それを吐き出した後は、未来を見据えて、いま、目の前のやるべきことを大切にしたいものです。

Lesson 7

「感謝日記」って こういうもの

- ☐ 出来事・おかげ・感謝を書く
- ☐ 理想を持っていれば、日々の出来事を次に活かすことができる
- ☐ 失敗しても、感謝日記を書くことで次に活かすことができる

感謝日記の基本を押さえよう

　よりよい未来をつくる、理想に近づく──そのためには自分の行動を振り返って、至らない点を改善する。
　そんなことをご説明してきました。

　そこで役立つのが、理想を実現するためにいまの自分に必要なヒントを引き出すための道具──感謝日記です。悔しい出来事であったとしても、それを機会として捉えることができて、嬉しい出来事であれば、相手の好意を実感できる道具でもあります。

　まずは感謝日記の概要について、簡単にご説明します。詳しくは54ページ以降で説明も加えながら体験いただける構成にしていますので、ここでは、感謝日記の概要をご理解くだされば十分です。

感謝日記は、次の３つの項目（出来事、おかげ、感謝）から構成されています。

■基本形

出来事	（出来事）があった。
おかげ	そのおかげで、（機会）に気づいた（学んだ）。
感 謝	気づきを与えてくれた、（出来事）に感謝！

○１行目：出来事
　理想実現のために行動した内容と結果（出来事）を書きます。
○２行目：おかげ
　１行目の出来事からの、気づきあるいは学びなどを書きます。
○３行目：感謝
　気づきや学びを与えてくれた、１行目の出来事に感謝します。

たとえば、「トップセールスになることをめざす」営業マンの場合。
　彼は１回目の商談で成約しようと思っていましたが、目的を達成することはできませんでした。
　そこで原因を考えてみます。
　感謝日記に書いたことで、プレゼン資料の事前準備が甘くて、期待成果である成約を達成することができなかった、ということに気づきます。

出来事	商談でクロージングできなかった。
おかげ	プレゼン資料の事前準備が甘かった。反省！
感謝	次の商談でリベンジする。今日の出来事に感謝！

　彼は前の教訓を活かし、周到に商談前の準備を進めました。訪問前にロールプレイングも行ない準備万端です。そしてリベンジの日がやってきました。結果は、下の感謝日記のとおりです。

出来事	今回は商談でクロージングできた。
おかげ	そのおかげで、商談の事前準備のコツをつかめた。
感謝	お客様に感謝！

　彼が２度目の訪問で見事リベンジできたのは、２つの要因があります。

　第一に、明確な理想（目標）を持っていたこと。
　第二に、失敗の経験から気づきを得て、次回に活かしたことです。

　感謝日記とは、このたとえのように、日々の行動を振り返ることで、理想の実現に一歩一歩、近づいていくための道具なのです。

Lesson 8
感謝日記で好循環サイクルを回す

- □ 計画は仮説にすぎない
- □ 軌道修正のヒントは「予期せぬこと」
- □ そのつど改善して、好循環サイクルを回す

「計画」は「仮説」にすぎない

　皆さん経験されていることだと思いますが、「計画」は必ず崩れるものです。では計画は必要ないかといえば、そうもいきません。計画通りいかないことをすばやく察知し、行動を修正するために計画は必要なのです。

　計画通りにことを進めるためのものではありません。

　計画はあくまでも未来の予定表にすぎないものですから、常に現実に起こる出来事（事実）に基づいて軌道修正していく必要があります。

　たとえば、さきほどのトップセールスをめざす営業マンの例がそうです。

　彼は1回目の商談でクロージングする計画で準備を進めていました

が、プレゼン資料の事前準備が甘くて、期待成果である成約を達成することができませんでした。

もし彼が商談の前に、自分の課題はプレゼン資料の作成に問題があると気づいていれば、このようなことは起こらなかったでしょう。

しかし現実には起こってしまった。

これは、自分ではできていると思っていることであっても、お客様から見れば、それはあまりにもお粗末なものだった、ということです。

そこで彼はすばやく行動を軌道修正します。1回目の商談の教訓を活かして、2回目の商談に備えてロールプレイングまで行ない、入念に準備をしました。

結果は見事、商談成立です。

実はこれは私の体験談ですが、同様のケースはたくさんありました。

軌道修正のヒントはどこに？

このように、計画というのは目的を達成するための「シナリオ」であり、「仮説」にすぎません。

仮説をもとに「実践」した結果と、最初に立てた計画との間にギャップ（問題）を察知したら、その出来事をつぶさに「観察」して問題の原因を究明していきます。

原因が究明できたら、次は同じようなことを繰り返さないようにしっかりと「学習」した上で、それを解消するための課題を設定し、次の計画＝「仮説」に活かします。

●理想実現のために好循環サイクルを回そう●

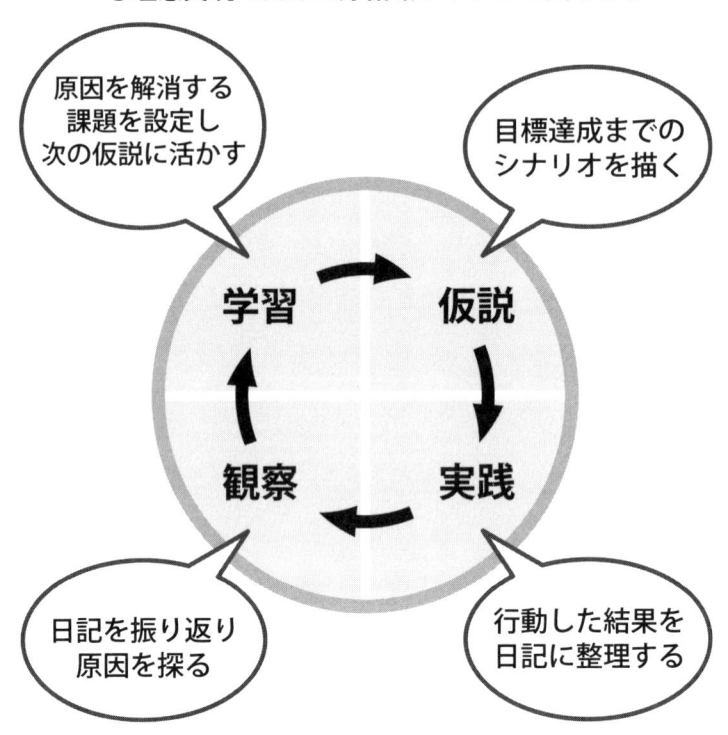

- 原因を解消する課題を設定し次の仮説に活かす
- 目標達成までのシナリオを描く
- 日記を振り返り原因を探る
- 行動した結果を日記に整理する

学習 → 仮説 → 実践 → 観察 → 学習

　計画を軌道修正する際に特に参考になるのが、すでに起こった「予期せぬ出来事」に着目することです。

　予期せぬ出来事とは、計画の時点では想定もしていないことです。

　前のケースでいえば「自分がつくるプレゼン資料は完璧」と思っていたのに、現実にはお客様の反応はいまひとつだったことを指します。

　「自分の資料は完璧だ」という前提のもとに計画を立てているわけですが、見事にお客様がその前提を「あなたはできていないよ」と覆してくれたわけです。

このケースからもわかるように、計画の最大のリスクは前提がくずれたときですから、現実に起こっている出来事をもとに柔軟に計画＝「仮説」を軌道修正していくことが、リスクの少ない計画に繋がっていくことでもあるのです。

最近、イノベーション（革新）という言葉が企業の間で流行っています。
実は企業のイノベーションも「予期せぬ成功や失敗」によって起こるといわれています。イノベーションが起こる７つの要素のうち、「予期せぬ成功や失敗」に着目することが、一番確実な方法であると、マネジメントの父、P.F.ドラッカー氏は、著書『イノベーションと企業家精神』（ダイヤモンド社）の中で実例をもとに示しています。
企業のイノベーションも前のセールスマンの例と、大小の違いはあるにせよ本質的に何も変わらないでしょう。

感謝日記で好循環を続ける

仕事でもそれ以外のことでも、実践した結果と仮説をもとに立てた計画との間にはギャップが生じます。ギャップが生じたら、目の前の予期せぬことを事実に基づいてつぶさに「観察」することによって「学習」し、次に活かす――感謝日記ではそんなサイクルの実現を大切にしています。

「仮説」→「実践」→「観察」→「学習」のサイクルを、自分のおかれた状況に合わせて回していくことが、理想を実現する最良の方法だと思います。

Lesson 9
自分を納得させるから ドライブもかかる

☐ 人からいわれたことではやる気がでにくい
☐ 売込みの強い店員から買いたくないのも同じ
☐ 感謝日記は「自分で自分を説得する」から効果がある

人は"あまのじゃく"

「やろうと思っていること」や「やらなくちゃいけないな」と思っていることに対してアドバイスや注意をされると、
「そんなことわかってるよ。いま、やろうと思ってたんだよ！」
「ごちゃごちゃいわれるとやる気が失せるんだよなぁ」
とつい思ってしまうことがありませんか？
人には"あまのじゃく"なところがあって、「これをやれ」といわれるとやる気が失せてしまい、反対に「やるな」といわれると余計にやりたくなったり……。困ったものです。
いずれにしても、注意を促す相手も気持ちよくはありませんし、いわれる本人も気持ちよくありません。
だからこそ、人からとやかくいわれる前に、自分で主体的に動いていきたいものです。

買いたくなる店員／買いたくならない店員の違いは？

　"あまのじゃく"ということでいえば——たとえば、量販店に家電製品を買いにいったところを想像してください。ある商品を購入する目的で店にいったとします。

　そんなとき、店員から"売り込み攻勢"をかけられたら……。

　こちらは自分で選びたいわけですから、特に店員に尋ねるわけでもありません。それなのに「いまはこれが売れています」「こっちは本日限りで品切れになります」「お買い得ですよ」などとしつこくいわれた経験はありませんか？

　いわれればいわれるほど、なんとなくここで買うのを止めようかなって思いたくなるときもあるんじゃないでしょうか。

　反対に「この人から買いたい」と思う店員さんもいますよね。

　そういう人は"売込みであって売込みでない"ような質問を上手に投げかけます。

　なにげなく、製品を探している目的や、商品を使ってどんなことをイメージしているのかなどを聞いた後で「いまお使いのものでお困りの点は？」といった現状の不平不満を聞きだす質問をしてきます。

　ときには「それならいまの商品をこう使えば目的を達成できますよ、わざわざ買い換える必要なんてありませんよ」といったり。

　こういわれると、ますます買いたくなりますね。「この店員さんはなんて俺のことを考えてくれるのだろう」と、目がハートマークになってしまうこともあります。

　こんな会話をしているうちに、自分はその商品を買うことでどうなりたいのか、つまり「自分のありたい姿（目標像）」と、「現状の商品

に対する不平不満」が明確になります。必然的に、ありたい姿と現状のギャップ（問題）が明確になるわけです。

　この店員さんは、売込みくさくないトークで質問をしているだけで、私は質問に答えているだけ。

感謝日記は「自分説得」のサポート役

　実はここがミソ。
　店員さんの質問に答えている間に「自分で自分を説得している」状態になっているのです。
　冒頭にあげたように、自分でやろうと思っていることであっても、人からタイミングよく考えていることを指示されたりするとやる気をなくしてしまうこともありますが、他人から何も指図を受けずにやろうと思ったことを実行するときは気合の入り方も違います。
　それは、自分で自分を説得し、行動しているからなのです。

　同様に、感謝日記も自分で自分を説得する道具です。
　そのおかげで──と自分に問うわけですが、そこで自分の問題点が明確になった場合、自分で見出したものは受け入れやすく改善してやろうという思いにもつながりやすいのです。
　感謝日記を上手に使って、人からとやかくいわれる前に気持ちよく動いて成果を出しましょう、というのは同じ理由です。
　要するに、人というのは「自分でしか自分を説得できない」生き物なのではないのでしょうか？
　だからこそ、感謝日記は役立つツールだと思っています。

Lesson 10
「書く」ことで得られる効果とは？

☐ 必ず「書く」必要はない
☐ 書くことで頭を整理しやすくなるなど多くのメリットがある
☐ 相手を好きにならなくとも学ぶことはできる

「おかげ様発想」ができれば書かなくてもいい

　感謝日記は、出来事から機会を見出し、それを次に活かすための「きっかけ」を与えてくれるもの、とご説明しました。

　わざわざ手で書かなくとも、そのきっかけを頭の中だけで見出すことができれば、書くことに必然性があるとも思えませんから、「必ず書き出しましょう」と申し上げるつもりはありません。

　事実、研修などで「感謝日記」の書き方をお話しすると、勘のいい方はその場で理解され、「おかげ様発想」をすぐに実践できるようになる方もおられます。私自身、頭の中で思考しているほうが多いくらいです。

　とはいえ、「手を使って書く」ことには、メリットもあります。

　特に最初の慣れないうちは、手で書くことをお勧めしたいと思います。

「書く」ことを勧める理由

　書くという行為は、あるテーマについて深く思考するときに役立ちます。頭の中だけで思考していると、問題が複雑であればあるほど、堂々巡りも起こりやすいものです。

　考えている気分、雰囲気、つもりになっているものの、答えを見出せない。結局、実はなにも考えていなかった——というようなご経験はありませんか？　そんなときは、感謝日記に限らず、紙を1枚用意して手で考えたことを箇条書きや図にしてみると、まとめやすくなります。

　考えを整理できるだけではなく、整理した考えが刺激となって、それまで考えつかなかった新しいことを思いつくこともあります。

　要するに、書くことが思考を深めているわけです。

　また、紙に書いておくと、視覚情報として目で確認できるので、そ

●「書く」ことにはたくさんのメリットがある●

❶ 「書く」ことは「深く思考する」のに適する

❷ 整理した考えが刺激となり新たな発想を生む

❸ 堂々巡りがなくなり、考えを整理しやすい

❹ 後からまとめて見ることで、自分の課題の傾向を把握しやすい

の内容を理解する時間も短縮できますから効率もいいものです。

特に感謝日記の場合は、書いたものをあとからまとめて眺めることによって、自分の課題の傾向や重要度なども認知しやすくなるといったメリットもあります。

周囲への感謝の気持ちが増幅する

その他、多くの人との関わりの中で、学びを得ていることにも気づきます。気づきを与えてくれた相手の意図は別としても、

「○○さんには××に気づかされた」

「△△さんには○○を教えてもらった」

——など、さまざまな恩恵を実感できるようにもなります。すると、相手を見る目も変わってきたりしますから不思議なものです。

人間とはとても思えない血も涙もない上司がいたとしても、もしかしたら、その上司のおかげで自分は成長しているなあ、と思えるときもあるかもしれません。

鬼のような上司を「好きになりましょう」というつもりはありませんが、いずれにしても、好きにならなくとも、その人からいろんなことを学ぶことはできます。書いたものをまとめて眺めてみることで、そういったことに気づくこともあるのです。

ですから、

「おかげ様発想は理解した。わざわざ書く必要はない」

と思われた方も、まずは紙に書いてみてください。

毎日書くことで、それまでなかった気づきがあるはずです。

Lesson 11
感謝日記は「実力養成ギブス」

- □ 人の成長は一定ではない
- □ 急成長する点がティッピングポイント
- □ 仕事にもティッピングポイントがある

　感謝日記を「書く」効果についてお話ししましたが、それでも
「日記をつけるなんて面倒！」
「毎日書くことにどんな意味があるの？」
と感じる方もいるかもしれません。
　そこで、毎日地道に感謝日記を書くとどうなるのか、について考えてみましょう。
　つまり、前にあげた4つの効果の先に何があるのか？

　私は、「急激に進化する」ことだと思っています。

　感謝日記をつけるということは、昨日と同じことを漠然とくり返すことではなく、今日より明日、明日より明後日と、少しずつ創意工夫を重ねることです。
　それは1日だけならささいな変化かもしれませんが、1年、2年と

継続したら——平凡は非凡に変わるのです。

　同様のことを、英会話やスポーツの習得などによって、みなさんも実感したことがあるのではないでしょうか。

私が基礎練習を続けたら……

　わかりやすい例でお話しします。

　私は学生時代にバドミントンをしていました。

　中学時代にたまたま福井市の大会で優勝することができたおかげで、バドミントンの名門高校に進学することになったのです。中学時代とはいえ優勝していたものですから、「先輩達に俺の実力を知らしめてやろう」と思っていました。

　しかし、やってみると先輩の足元にも及びません。

　そこで先輩や先生にいわれたのが、

　「お前はバドミントンの「基礎」すらできていない。1年生の間はまず、技術云々のまえに「基礎体力」を固めなさい」

　ということです。

　それからというもの、毎朝7時から400メートルダッシュを10本、夕方の練習後に10キロのマラソンです。毎日雨が降ればグラウンドは使えないからダッシュもマラソンもなくなるだろうと思えば、廊下を走ります。

　そういった生活が結局3年間続いたのですが、1年を過ぎたあたりから、基礎体力がついてきたことを実感しました。

　面白いのは、それに比例して技術レベルも向上したことです。先輩との基礎練習であればそれなりに相手をできるようになりました。

ティッピングポイントは急成長する「点」

　要するに、人の成長には「テッピングポイント」がある、ということです。
　テッピングポイントというのは、ある点を過ぎたあたりから、実力が急速に成長しはじめる、「ある点」のことをいいます。
　人の成長というのは、傾きが一定の右肩上がりで上昇するように思われますが、そうではありません。最初は成長しているかどうかわからないくらいの傾きで進みはじめて、ある程度の実力がついたところから成長の傾きが大きくなるのです。

●人の成長はある時点で急激に伸びはじめる●

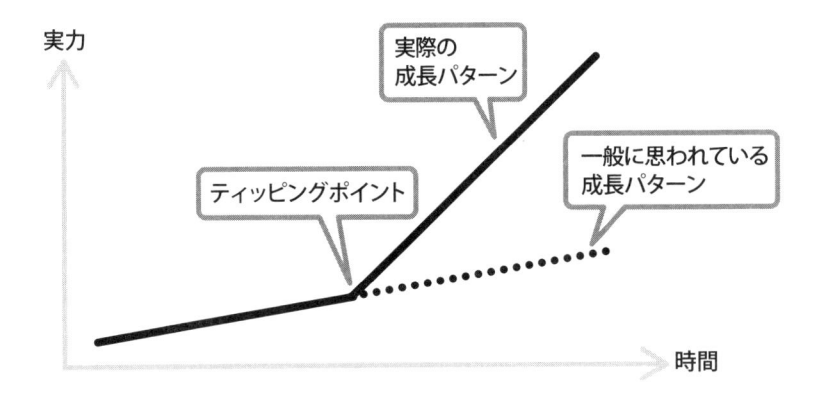

（図：実力／時間のグラフ。ティッピングポイント、実際の成長パターン、一般に思われている成長パターン）

　もちろん、時間が経過すれば、ティッピングポイントを迎えられるものではありません。ティッピングポイントを迎えるまで、理想の実現に必要なスキルなどをコツコツ蓄積しながら、自己進化し続けなければならないのです。

仕事で「感動」「サプライズ」を与えるために

　個人的な理想の実現に限ったことではなく、仕事でも商売でも同じことがいえます。
　ある方から聞いた話です。

　商売が成立するかしないかは、ある点を越えられるかどうかで決まる。ある点とは、商品なりサービスで「感動」を提供できるか、サプライズを与えられるかどうか、だそうです。
　その域に達するまではとにかく「実力」を身につけなければならない。そのレベルに達すれば何をやってもうまくいく。世の一流といわれる人は、皆そうだ。スポーツ選手を見れば一目瞭然である。しかし現実には、そこに至る過程で多くの人は諦めてしまう。

　そんな話でした。とても残念です……。
　「ティッピングポイントまであと何日」とわかればふんばりも効くのでしょうが、そうはいきません。決して簡単なことではありませんが、創意工夫の先に、理想の実現があると思って、ふんばってみましょう。
　「感謝日記」を継続して書くということは、ティッピングポイントを迎えるための実力養成ギプス――そう思って諦めずに続けてみてください。

実践編

「感謝日記」を書こう

Lesson 12

ワクワクできたら 50％は実現！

- ☐ 理想実現の原点は「思い」
- ☐ 描いた理想に「疑い」や「迷い」はないか？
- ☐ 接近モチベーションの重要性を再認識する

自分の「思い」に「迷い・疑い」はないか？

　ここから、感謝日記の実践編に入ります。実際の書き方、使い方をご説明していきます。「何を書くのか」という話の前に、まずは「理想を持つこと」についてお話しさせてください。

　すでに何度もご説明していますが、感謝日記を書くのは理想を実現するためです。

　まず最初に、理想を実現する上でもっとも大切なことは、一度しかない人生を何に賭けるのか——この答えを見出すことです。

　「私の一生はこうしたい」「俺の一生はこうありたい」という「思い」を明確にすることです。思いを持つことができれば、理想の半分は実現したのも同然だと思っています。

　理想実現の原点は、思い、からはじまるからです。

　さらに申し上げると、その思いが本物であるか、ということを自問

自答してみることも重要です。自身が思い描いた思い、つまり、理想に対して疑いや迷いはないか、を問いかけるのです。

というのも、疑いや迷いは、理想を実現する過程で遭遇するであろう困難ととても仲良しだからです。自身の思い描いた理想が本物であれば、少々の困難にも打ち勝つことができると、私は信じています。

多少、大げさな表現をあえて用いましたが、心底、一寸の疑いもなく、本当にそうありたいと思える理想を持つことは、それくらい大切だと考えているからです。

相反する2つのモチベーションの違い

理想を持つことの重用性について、学問的な視点からも触れておきます。

人間は単純な生き物で、「快楽」に近づこうとし、「苦痛」を避けようとする動物だそうです。「快楽」に近づこうとする意欲を「接近モチベーション」、「苦痛」を避けようとする意欲を「回避モチベーション」といいます。

いずれもモチベーションに変わりありませんが、質がまったく異なります。人は、2つのモチベーションのいずれかを選択し、行動しています。

2つのモチベーションの特徴はこうです。

接近モチベーションは、「魅力的な目標」があるときに生じます。魅力的な目標というのは「理想」のことです。理想が魅力的であればあるほど、モチベーションの「イキも長く」なります。

そして、理想に近づくほど、モチベーションは「さらに強く」なり

ます。

　理想を達成しようがしまいが、理想を思い描いて行動すること自体に、イキイキ、ワクワク感を感じることができます。

　一方、回避モチベーションは「嫌悪する目標」から逃れようとするときに生じます。「緊迫した状況」でなければ効力がなく、「持続性」がありません。回避モチベーションが原動力となった行動は、「不安、不快、恐怖」しかもたらしません。

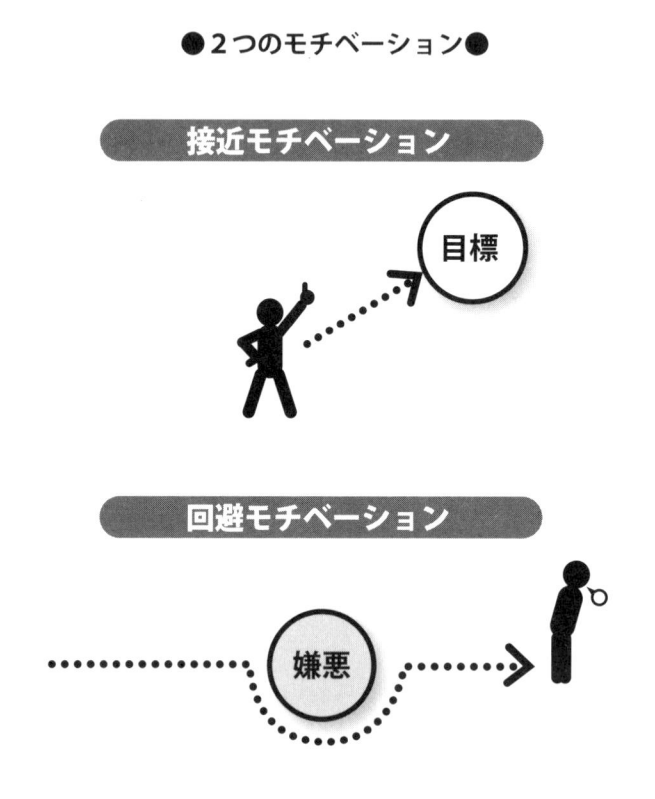

●2つのモチベーション●

接近モチベーション

目標

回避モチベーション

嫌悪

理想を持っていれば、仕事に前向きに取り組める

　たとえば、理想を持っていないA君がいたとします。A君は、上司が隣にいるときは、一所懸命に仕事をします。上司に怒られるからです。上司がいなくなると、とたんに気が抜けて仕事の手が緩んでしまいます。このような仕事は、少しも楽しくありません。上司に怒られないようにするための仕事になっているからです。これが、回避モチベーションです。

　もしA君が理想を持っていて、担当している仕事が将来の理想に関係するものであれば、A君は上司の存在にかかわらず、前向きに仕事に取り組むでしょう。

　少々上司が口うるさくても、乗り切れるはずです。現在の仕事の先に理想の姿が見えているからでしょう。これが、接近モチベーションの例です。

　このように、仕事の姿勢に極端に表われるかどうかは別としても、同じモチベーションであるにもかかわらず、理想の有無によって、これだけ違うのです。ですから、ワクワク心躍る理想を持つことは、とても大切なことなのです。

　ただ、「特に理想を持っていない」「目の前の問題に追われていて、とても理想なんて考えられない」という方もいらっしゃるかと思います。その場合、64ページまで飛ばして、「Lesson14 感謝日記を使おう！」から読みはじめてください。感謝日記をある程度つけ続けてから「理想を思い浮かべること」に戻ってきても問題はありません。

Column

夢と目標はどう違う？

　子どもに「大きくなったら何になりたい？」と聞くと「サッカー選手」「プロ野球選手」——現実にとらわれることなく大きく発想して、堂々と話してくれます。夢が大きいと、聞いているほうも気持ちいいですね。「こうなりたい」「ああなりたい」という希望を「夢」というのでしょう。

　これが大人になると、子どもと同じようにはいきません。「お前の夢はなんだ？」と聞かれ、「うーん、そうだな。"21世紀を代表する会社"をつくること」なんて真顔でいおうものなら、鼻で笑われてしまうでしょう。「お前さ、子どもじゃないんだから」なんていわれたり……。

　ところが、夢に「期限」を入れて、そこから逆算して「期限の1年前には○○を達成する」「2年前には△△を達成する」というように期限から現在までの具体的なシナリオについて語ると、聞くほうの態度も変わります。

　夢のように「こうなったらいいな」ではなく、夢に「期限」を入れて「いついつまでにこうする」という「目標」で話をするからなのでしょうか。

Lesson 13

理想を思い描く

- ☐ メンタルブロックを外し、理想を思い描く
- ☐ 「こうなったらいいな」を大切にする
- ☐ 理想の姿シートはしだいに増やす

6つのテーマに当てはまる「理想」は?

　では、モチベーションの原動力となる、理想の姿を思い描きましょう。

　私たちの人生にはさまざまなテーマがありますから

　①健康・美容
　②心・精神
　③知識・教養
　④社会・仕事
　⑤家庭・プライベート
　⑥経済・お金

と、6つのテーマごとに分けて考えると描きやすいと思います。

もし6つのテーマでも漠然としている場合は、役割まで掘り下げみるといいでしょう。

	テーマ（大分類）	役割（小分類）
人生	1. 健康・美容	
	2. 心・精神	人として
	3. 知識・教養	専門家として
	4. 社会・仕事	上司として、経営者として
	5. 家庭・プライベード	父として、女性として
	6. 経済・お金	一家を支える大黒柱として

　「○○（役割）としてどうなりたいか？」を思い描くのです。

　次に、将来の理想を思い描く際のポイントを、いくつかご紹介します。理想を思い描くときに大切なことは、「メンタルブロック」を外すことです。いわゆる「思い込み」に縛られない、ということです。思い込みは、無意識のうちに働いているので、思いのほか気づきにくいものです。

　自分にはできないことはない、と大きく発想してみることが大切です。すべての理想の実現は、思いからはじまるのですから。

●理想を思い描く４つのポイント●

ポイント1 メンタルブロックを外す

ポイント2 理想の実現によって、周囲の人に喜ばれているシーンを想像する

ポイント3 2の恩恵として、自分が満たされている（心・お金・物など）ところを想像する

ポイント4 マイルストーンを描く

　次のページに、理想を描くための「記入例」と「記入用」のシートをご用意しました。記入例を参考に、前の６つのテーマの中からひとつ選んで、ご自身の理想を描いてみてください。
　実際に書いてみないと理解できない感覚もありますから、ぜひ、挑戦してください。

①前の6つのテーマから選んで記入する

理想の姿　　社会・仕事　編　著者　の役割

②役割がある場合は記入する

> 理想のひとつであった、出版が実現した。想定していたよりも、売れ行きも上々のようだ。満足している。
>
> 嬉しいことに、読者の皆さまから、お手紙もいくつかいただくことができた。多少なりとも私の本がお役に立てている証だ。とても嬉しい。
>
> そのおかげで、懐にも余裕ができた。さらに、仕事の信用力にも影響している。

③理想が実現したときの、周囲への影響、自分への影響を、想像して書いてみる。理想が"すでに実現した"ものと考えて書く

④理想を実現するための、道筋を描く

■マイルストーン

理想	現在	差	スケジュール		1ヵ月後	3ヵ月後	半年後	1年後	2年後	3年後
出版	0冊	1冊	目標		行動1	行動2	行動3	出版		
			結果		完了	完了				
			行動1	○	本の書き方について研究しながら、テーマを絞る					
			行動2	○	テーマができたら目次をつくり、企画書を作成する					
			行動3	→	企画書を出版社に送り、企画を採用してもらう					

⑤理想と現在の差を明らかにする

「→」：着手、「○」：終了、「△」：中止、「×」：未着手

⑥差を克服するために必要な行動を明らかにする

理想の姿　　　　　編　　　　　　　　の役割

■マイルストーン

理想	現在	差	スケジュール	1ヵ月後	3ヵ月後	半年後	1年後	2年後	3年後
			目標						
			結果						
			行動1						
			行動2						
			行動3						

「→」：着手、「○」：終了、「△」：中止、「×」：未着手

「感謝日記」を書こう

「こうなったらいいな」という思いを大切にする

　理想が実現した場面を想像しながら紙に書いてみると、最初は想像の世界だと思っていても「こうなったらいいな」とお感じになられたのではないでしょうか。

　その「こうなったらいいな」という思いを馬鹿にせず、大切にしてください。まずは「思い」ありきです。その「思い」が、問題意識のアンテナとなり、実現するためのヒントをキャッチしはじめるのですから。

　ややもすると、目の前の仕事に忙殺されて、理想や夢を見失いがちです。もちろん、目の前の仕事も大切ですが、それと同様に、理想を明確に持つことも大切です。

　決して、夢見ることだけをお勧めするものではありませんが、夢も見ながら足元も見る、そんなバランス感覚が大切なのだと思っています。

　理想の姿のシートは、最初は1枚からスタートし、日常生活の中で、生活をこうしたい、と思えるものが見つかったら、また1枚、また1枚というように、書き足してみてください。

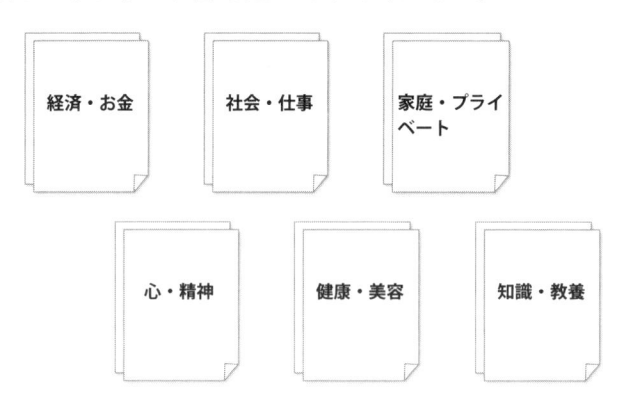

経済・お金	社会・仕事	家庭・プライベート
心・精神	健康・美容	知識・教養

Lesson 14

感謝日記を使おう！

☐ STEP 1：感謝日記を書く
☐ STEP 2：感謝日記を眺める
☐ STEP 3：課題を次の行動に活かす

感謝日記はたったの3行！

　理想の姿が明確になったところで、その理想を実現するための、感謝日記の「運用方法」と「書き方」について、実際に体験していただきながらご説明します。

　まず、感謝日記の「運用方法」について、一連の流れを押さえておきましょう。運用方法は、「3つのステップ」からなります。

　STEP 1：感謝日記を書く（出来事をありのまま受け止める）
　STEP 2：感謝日記を眺める（気づきや学びを得て課題に気づく）
　STEP 3：課題を次の行動に活かす（創意工夫し理想に一歩近づく）

● 「感謝日記」の3ステップ ●

ステップ 1 感謝日記を書く
▶出来事をありのまま受け止める

【内容】理想を実現するためにとった行動と結果を、感謝日記の3行の文章に整理します。

ステップ 2 感謝日記を眺める
▶気づきや学びを得て課題に気づく

【内容】STEP 1で記入した感謝日記を振り返り、理想を実現するために必要な課題を見出します。

ステップ 3 課題を次の行動に活かす
▶創意工夫し理想に一歩近づく

【内容】STEP 2で見出した課題を、次の行動に活かします。

■感謝日記の運用方法

ステップ	内容	頻度	所要時間	活用するシート
STEP 1 感謝日記を書く（出来事をありのまま受け止める）	理想を実現するためにとった行動と結果を、感謝日記の3行の文章に整理します。	1日1回	1、2分程度	感謝日記
STEP 2 感謝日記を眺める（気づきや学びを得て課題に気づく）	STEP 1で記入した感謝日記を振り返り、理想を実現するために必要な課題を見出します。	1日1回	5分程度	チャンスに気づくシート
STEP 3 課題を次の行動に活かす（創意工夫し理想に一歩近づく）	STEP 2で見出した課題を、次の行動に活かします。	状況に応じて	―	―

感謝日記の「運用方法」の「3つのステップ」について整理しました。理想の実現に向けて起こした行動と結果を、感謝日記の3行に整理するだけです。その他のステップは、気づき、あるいは、学びを得たときに、それを次の行動に活かします。

　感謝日記は3行の文章にすぎませんが、体験された方は、次のような気づきをえられるようです。
　「目先のことにとらわれてしまい、せっかく目の前にあるチャンスを逃している」
　Lesson9でもご説明したように、感謝日記は自分で自分を説得するツールですから、他人から説得されるのとは違い、それまで気づかなかった気づきを受け入れやすいようです。

Q：今後の仕事やプライベートでどのように活かそうと思いますか？

毎日、どういうことを思ってたのかということを、1週間単位で振り返ることができ、自分が改善しなくてはいけないことがはっきりするので、活用していきます。

Q：今後の仕事やプライベートでどのように活かそうと思いますか？

自分の環境、与えられた課題から逃げださずに今までと違った視点で物事を見られるようにしたい。
文字に表現することで、明確に自分が見えると思う。

※企業向け研修のアンケートより

Lesson 15

STEP1
本音を書く

- ☐ 悔しい出来事の場合、感情にとらわれない
- ☐ 自分が納得できる「おかげ」を書く
- ☐ 「能動的な感謝」が理想を実現させる

次に、感謝日記の「書き方」について説明します。すでに Lesson 7 でも触れましたが、感謝日記の基本形は、3つの項目から構成されています。

■基本形

出来事	（出来事）　　　があった。
おかげ	そのおかげで、（機会）　　　に気づいた（学んだ）。
感 謝	気づきを与えてくれた、（出来事）　　　に感謝！

1行目：出来事

理想実現に関連する行動と結果（出来事）を書きます。

2行目：おかげ
　1行目の出来事からの、気づきあるいは学びなどを書きます。
3行目：感謝
　気づきや学びを与えてくれた、1行目の出来事に感謝します。

1行目──出来事を書く

■基本形

出来事	（出来事） 　××　があった。
おかげ	（機会） そのおかげで、　　　　　に気づいた（学んだ）。
感謝	（出来事） 気づきを与えてくれた、　　　　　に感謝！

○**書き方のポイント**

❶××は、理想を実現するために起こした、行動と結果（出来事）を記入します。

❷出来事の中には、悔しいことがありますが、あまり感情にとらわれずに、事実（出来事）に着目するようにしましょう。

○記入例

■悔しい出来事の場合

出来事	商談でクロージングできなかった。
おかげ	プレゼン資料の事前準備が甘かった。反省！
感 謝	次の商談でリベンジする。今日の出来事に感謝！

■嬉しい出来事の場合

出来事	今回は商談でクロージングできたぞ！
おかげ	そのおかげで、商談の事前準備のコツをつかめた。
感 謝	お客様に感謝！　ありがとう〜

【練習1】

　次のページに「出来事」のみ5つ書いてみましょう。

●理想を明確に持っている人

　記入する内容は、ある理想の実現のために起こした、行動と結果（出来事）を事実に基づいて記入します。

●理想がまだ明確でない人

　ここ最近の出来事の中で、特に印象的な出来事を思い出して、記入してみましょう。気づきや学びを見出す練習と思い、試してみましょう。

◎このページに何度か書き込みをしますので、開きやすいように目印をつけておきましょう。

◎書き終わりましたら、次のページに進んでください。

●記入シート（練習用）●

出来事	（出来事） 　　　　　があった。
おかげ	そのおかげで、（機会）　　　　　に気づいた（学んだ）
感謝	気づきを与えてくれた、（出来事）　　　　　に感謝！

出来事	
おかげ	
感謝	

出来事	
おかげ	
感謝	

出来事	
おかげ	
感謝	

出来事	
おかげ	
感謝	

出来事	
おかげ	
感謝	

実践編

「感謝日記」を書こう

2行目──「おかげ」を書く

■基本形

出来事	（出来事）〔　　　　〕があった。
おかげ	そのおかげで、（機会）〔△△〕に気づいた（学んだ）。
感 謝	気づきを与えてくれた、（出来事）〔　　　　〕に感謝！

○書き方のポイント

❶△△は、気づき、あるいは、学びを記入します。
❷１行目の出来事のおかげで、何に気づいたのか？　何を学んだのか？　を自問自答してみると、機会を見出しやすいでしょう。
❸自分が納得できるものにしましょう。

○記入例

■悔しい出来事の場合

出来事	商談でクロージングできなかった。
おかげ	プレゼン資料の事前準備が甘かった。反省！
感 謝	次の商談でリベンジする。今日の出来事に感謝！

■嬉しい出来事の場合

出来事	今回は商談でクロージングできたぞ！
おかげ	そのおかげで、商談の事前準備のコツをつかめた。
感　謝	お客様に感謝！　ありがとう～

　感謝日記の2行目「おかげ」は、理想の実現に必要なヒントを引き出してくれます。なぜなら、1行目の出来事（事実）を客観的に振り返らなければ、2行目は書けないからです。
　振り返る中で、
　「今日の商談が成功したのは、何がよかったからだろうか？」
　「今日の商談が失敗したのは、何が原因なのだろうか？」
　と、「なぜ」を問うようになります。この「なぜ」を問う姿勢が、理想の実現へと導いてくれるのです。

【練習2】
　前に出来事を5つ記入したシート（73ページ）に、「おかげ」を5つ記入してみましょう。書き終わりましたら、次ページに進んでください。

3行目──「感謝」を書く

■基本形

出来事	(出来事) □□□□□ があった。
おかげ	そのおかげで、(機会) □□□□□ に気づいた（学んだ）。
感 謝	気づきを与えてくれた、(出来事) □□□□□ に感謝！

○書き方のポイント

❶ 2行目の気づきを与えてくれた、1行目の出来事に感謝します。
❷ 感謝する対象は、出来事そのもの、あるいは、人です。嬉しい出来事の場合は、その対象となる人にも感謝してみましょう。

○記入例

■悔しい出来事の場合

出来事	商談でクロージングできなかった。
おかげ	プレゼン資料の事前準備が甘かった。反省！
感 謝	次の商談でリベンジする。今日の出来事に感謝！

■嬉しい出来事の場合

出来事	今回は商談でクロージングできたぞ！
おかげ	そのおかげで、商談の事前準備のコツをつかめた。
感 謝	お客様に感謝！　ありがとう〜

これで、感謝日記の「書き方」の説明は終わりです。

「能動的な感謝」で気づきを得る

　ところで、どうして悔しい出来事に感謝しないといけないのか？と違和感をお持ちになられた方もいるでしょう。そのあたりについて、少し触れておきたいと思います。

　普通、感謝とは、相手に何かをしてもらったときにするものです。たとえば、自分が困っているときに助けてもらった、など。
　そのような状況であれば、相手の好意に対して素直に、心から、「ありがとうございます。助かりました」といえるものですし、伝えるべきです。

　ところが、感謝日記では、悔しい出来事にも感謝しています。無理をしてでも感謝しなければならない、と申し上げるものではありません。私自身、そんなことはできません。
　しかし、悔しい出来事であっても、その出来事が自分にとって価値あるものであるならば、その出来事を謙虚に受け止めてみてはどうか……ということをお勧めしているのです。

何かをしてもらったときの、「受身の感謝」だけではなく、「能動的な感謝」が、理想を実現するためには必要なのではないでしょうか。

【練習3】
　73ページのシートに「感謝」を5つ記入してみましょう。

　これで「STEP 1　感謝日記の書き方」は終了しました。
　【練習3】を終えましたら、次のステップ「STEP2　感謝日記を眺める（気づきや学びを得て課題に気づく）」に進んでください。

Column

「有難う」には
３つの意味がある？

　「有難う」という言葉は３つの意味合いを含んでいると思います。

　１　「人に感謝する」の有難う。

　２　「有ることが難たし」の有難う。

　３　「難が有る」の有難う。

　　だそうです。ご存知でしたか？

　１はいわば「普通の有難う」で、人から親切にされたときに「感謝の気持ちを伝えるための有難う」という意味です。

　２の「有難う」は、かなりレベルが高いようです。これは、平凡な日々や何も変わったことがないこと自体が稀であるという意味から、「有ることが難たし」の「有難う」。普段の生活のなかでそうは思うことはなかなかありませんが……。

　３の「有難う」は、困ったこと、嫌なことがおきたときの「難が有る」という意味の「有難う」です。

　感謝日記では、悔しい出来事に対しても感謝することがありますから、３の意味は理解しやすいのではないでしょうか。

　「有難う」のいろんな意味──漢字で表わすことで、おわかりいただけるのではないでしょうか。

Lesson 16

STEP2
感謝日記を眺めて課題に気づく

☐ 問題が発生する原因を探る
☐ 原因を取り除く具体的な方法を考える
☐ ヒントは「おかげ」にある！

現状と理想の差は？

　STEP1 の次は、STEP 2「感謝日記を眺める」です。
　当然、「眺める」ことには目的があります。理想を実現するための課題、あるいは、期待する成果を得るための課題、を見出すことです。課題の定義は人によって異なることが多いので、右図のように定義することとします。

●課題とは？●

課題とはギャップ（問題）を解決するために「〇〇をする」と具体的に表現できるもの。

○課題を見出すためのポイント

❶感謝日記の2行「おかげ」の内容に着目する
❷「おかげ」の原因（問題が生ずる要因はなにか？）を探る
❸原因を取り除くための、具体的な方法（課題）を考える

○補足

　課題を見出すためのポイントについて、補足しておきます。前の営業マンの例を用いましょう。次ページの感謝日記の内容から察するに、彼の期待成果は、商談でクロージングすることです。残念ながら、達成することはできなかったようです。「プレゼン資料の事前準備が甘い」ことに気づいたようです。おそらく、お客様から資料がわかりにくいといわれたのでしょう。2行目「おかげ」に記録されています。

出来事	商談でクロージングできなかった。
おかげ	プレゼン資料の事前準備が甘かった。反省！
感謝	次の商談でリベンジする。今日の出来事に感謝！

　そこで彼は、プレゼン資料の事前準備が甘かったのはなぜか？「原因」を考えたところ、いくつか気づきました。

 原因1 準備の時間を事前に担保していなかったこと
 原因2 そもそもわかりやすいプレゼン資料とは、どのようなものなのかすらよくわからないこと
 原因3 その資料を使ってどのように話せば、お客様は聞いてくれるのかもよくわからないこと

　そこで、この問題を解決して次回の商談でクロージングするために「課題」を設定しました。

 原因1 準備の時間を事前に担保していなかった
 課題1 準備の時間は、週末のうちにスケジュール帳に書き込む

 原因2 プレゼン資料についてよくわかっていない
 課題2 プレゼン資料作成に関する書籍を1冊読んで試してみる

 原因3 お客様はどう話せば聞いてくれるかわからない
 課題3 凄腕営業マンA先輩の商談に同行させてもらう

　彼は次回の商談までに、3つの課題を試してみることにしました。以上が課題を見出す一連の流れです。

成果が出ない理由は「おかげ」に隠されている!

　この事例からわかるように、理想を実現するためのヒント(課題)は、目の前にあるものです。期待した成果がでないときは、必ず理由があるのです。

　そのヒントが「おかげ」に隠れていますので、ぜひ、見つけてください。

　普段、だれでも「こうしたほうがいい」「ああしたほうがいい」と感じているものです。しかしながら現実には、忘れられてしまうことも少なくありません。気づきや学びを得るだけでは、現実は変わりませんから、「おかげ」をチャンスとしてぜひ活かしてください。

　目の前の出来事は変わらないのに、おかげ様発想で出来事を捉えるとチャンスはいくらでもあることに気づかされます。たった3行の文章ですが、日常の出来事を感謝日記に置き換えて記録しておくと、今まで見えなかったものが見えてくると思います。

【練習4】
　73ページに記入した感謝日記の「おかげ」を眺めてみましょう。「おかげ」の原因はなんでしょうか? 原因を取り除くための「課題」はなんでしょうか。次ページの「チャンスに気づくシート」に書き込んでみましょう。

●チャンスに気づくシート（記入例）●

原因1	準備の時間を、事前に担保していなかったこと。
課題1	準備の時間は、週末のうちにスケジュール帳に書き込む。

原因2	プレゼン資料についてよくわかっていないこと。
課題2	プレゼン資料作成に関する書籍を1冊読する。

原因3	お客様はどう話せば聞いてくれるか、わからないこと。
課題3	凄腕営業マンA先輩の商談に同行させてもらう。

●チャンスに気づくシート●

原因1	
課題1	

原因2	
課題2	

原因3	
課題3	

※ひとつの原因に対して、課題はひとつである必要はありません。

「感謝日記」を書こう

Lesson 17

STEP3
課題を次の行動に活かす
(創意工夫し理想に一歩近づく)

- □ いまやるべきことがわかったら書き込む
- □ 自分で考えて行動することは楽しい
- □ 無理はせず、やると決めたことをやったらそこでやめる

見つけた課題を実行すれば理想に近づく

　最後のステップ、「課題を次の行動に活かす」です。
　課題を次の行動に活かすために必要なことは、STEP 2で気づいた「課題」を「実行」することです。実行に移せば、次の行動の質も高まります。質が高まれば、理想を実現する可能性も高まります。

　トップセールスをめざしている営業マンの彼は、課題を実行し、次の行動に活かした、よい事例です。
　繰り返しになりますが、彼はある商談に挑みましたが、あえなく撃沈してしまいました。プレゼン資料の事前準備が甘かったようです。

出来事	商談でクロージングできなかった。
おかげ	プレゼン資料の事前準備が甘かった。反省！
感謝	次の商談でリベンジする。今日の出来事に感謝！

　そこで、感謝日記の2行目の「おかげ」に着目し、その原因を考えてみたところ、3つのことに気づきました。

原因1 準備の時間を事前に担保していなかったこと
原因2 プレゼン資料についてよくわかっていないこと
原因3 お客様はどう話せば聞いてくれるかわからないこと

いまやるべきこと＝課題を明確にして、実行する

　次に彼は、原因を克服するために3つの課題を設定しました。期限は次回の商談まで2週間あります。
　これで「いまやるべきこと」は明確になりました。スケジュール帳を開き、忘れないうちに予定を書き込みました。

課題1 事前準備の時間は、週末のうちに、スケジュール帳に書き込む
課題2 プレゼン資料作成に関する書籍を1冊読んでみる
課題3 凄腕営業マンA先輩の商談に同行させてもらう

　そして彼は、3つの課題を「実行」し、次の商談に挑みます。
　結果はみごと成功です。
　資料も大変わかりやすくなったと、お客様も喜んでくださいまし

た。そのときに記録した感謝日記が次です。

出来事	今回は商談でクロージングできたぞ。
おかげ	そのおかげで、商談の事前準備のコツをつかめた。
感　謝	お客様に感謝！　ありがとう〜

　彼はこの経験を通じて思いました。
　課題に設定した3つは、いずれも些細なことではあるが「実行」してみるものだ。今回はたまたまうまくいったのかもしれないけど、いずれにしても、些細なことでも馬鹿にできない。もしかしたら、些細なことを実行し、積み重ねていくことが、目標に近づく最短の方法なのかもしれない。もしかしたら、安易な方法を取ろうとして、今までの自分は遠回りをしていたのではないか。

　さらに、上司から指示された課題を実行するのと比べると、自分で考えて行動することは、やっていて楽しい。
　それなら、いわれる前に自分で動いていたほうがいいじゃないか。上司からはごちゃごちゃいわれなくてすむわけだし、同じ課題であっても違うものだ、とも感じました。

　そして彼は、今回の経験を通じて学んだことを、スケジュール帳の余白に書き込みました。

> ① 目の前の出来事は、自分の実力を映し出す鏡。
> 　常に謙虚に学ぶ姿勢を大切にしよう。
>
> ② 学んだことは、実行しなければ意味がない。
> 　実行が、結果の差をもたらす。
> 　目の前の機会を活かそう。
>
> ③ 機会を活かしていく先に、理想の実現がある。

○「実行」のワンポイントレッスン

　課題を実行する際に注意していただきたいのは、「決して無理をしない」ことです。

　無理はまず長続きしません。描いた理想が魅力的であるほど、最初は気持ちも高ぶりますが、それが、落とし穴のこともあります。自分の実力以上のことを実行するとか、あるいは、当初設定したマイルスーン以上の成果を求めようと、過剰な課題を自己に課さないことです。いずれどこかで無理が生じて、ダイエットのようにリバウンドしては意味がありません。
　やると決めたことをやり終えたら、そこで終了、と決めておきましょう。

Lesson 18

「受動的な感謝」と「能動的な感謝」

- ☐ "普通の感謝"は"受動的"
- ☐ おかげ様発想は"能動的"な感謝
- ☐ "能動感謝"をすれば厳しい言葉も「自己成長の財産」に変わる

"普通"の感謝は受動的

　感謝日記は、善人になるためのものでも、悟りを開くためのものでもありません。自分の理想を実現する、いわば自分のエゴを満たすのが感謝日記です。

　77ページでも簡単に触れましたが、ここで「受動的な感謝」と「能動的な感謝」の違いについて掘り下げてみようと思います。

　本来、感謝というのは受動的なものです。自分が何かの問題で困っているときに周囲の人がそれを察して親切にしてくれたり、あるいは、仕事の締め切りに間に合いそうもないとき、その人も忙しいのにもかかわらず手伝ってくれたり。

　このように、相手に何かをしてもらったときに感謝の気持ちを伝えるために「君のおかげで助かったよ。どうもありがとう」といったり、いわれたりします。

この場合は自分から感謝の思いを言葉にして伝えているわけですから、「能動的な感謝」と思われるかもしれませんが、違います。感謝のきっかけは相手が自分を助けてくれるなどの具体的な行動の伴った好意によるものですから、それを「受動的な感謝」というように私は定義しています。

理想実現のため、「意識的」にするのが"能動感謝"

　では「能動的な感謝」とはどういうものでしょうか。
　「能動的な感謝」とは、特に人から親切にされたわけでもなく、ましてや自分が困っているときに助けてもらうわけでもないのに感謝することを指します。
　先に営業マンが商談で失敗した事例を引き合いにだしましたが、相手から何か具体的な、目に見える好意を受けたわけでもないところで感謝することを「能動的な感謝」と私はいいたいわけです。
　いいかえると、能動的な感謝というのは、自分の夢（エゴ）を実現させるために「意識的に」行なうものなのです。

　このようにいうと、エゴを満たすための感謝など感謝ではない！　感謝の本質を理解しているのか？　とお叱りを受けそうですが、実は能動的な感謝というのは、自分勝手な自己都合の感謝を意味するものではありません。
　実際に「おかげ様発想」を現場で実践していただけると理解できると思いますが、能動的な感謝を意識して行なっているうちに、
　「相手があって自分があり、自分がいるから相手もいる」
　ということに、気づかされるのです。

「相手があって自分がある」ことに気づかされるというのは、こんな意味です。
　たとえば、会社の先輩が自分の仕事に対して厳しい評価を下した（叱った）とします。そこで先輩の評価に「能動的に感謝（＝おかげ様発想）」すると、自分の力量、問題点、改善点がわかります。
　「わかる」ことができたのは、先輩の評価があったからこそ、です。その意味で、「相手があって自分がいる」と実感できるようになる、という意味合いです。

厳しい言葉、叱責は「理想実現の協力者」

　簡単にいえば、能動的な感謝は「自己成長の機会」をつくってくれたことに対する感謝で、自分にとって都合のよいことにも悪いことにも感謝します。
　一方、受動的な感謝は相手の好意そのものに対する感謝で、自分にとって都合のよいこと、気持ちのよいことに対しての感謝です。
　厳しいことをいう人に対しては、そのときは頭にくるものですが、それはいわば「自分の理想実現の協力者」。
　その人がいるからこそ、理想に早く近づけると考えています。
　感謝日記をうまく使えば、耳の痛い言葉・お叱りが「自己成長のための財産」に変わります。自分の理想を叶えるためのおかげ様発想ですが、結果的に「人のありがたさ」を実感できるようになるのです。

まとめ

ステップ	内容	頻度	所要時間	活用するシート
理想を描く	理想が実現した場面を想像し、書いてみる。	そのつど	15分	理想を描くシート
STEP 1 感謝日記を書く	理想を実現するためにとった行動と結果を、感謝日記の3行の文章に整理します。	1日1回	1・2分程度	感謝日記
STEP 2 感謝日記を眺める（気づきや学びを得て課題に気づく）	STEP 1で記入した感謝日記を振り返り、理想を実現するために必要な課題を見出します。	1日1回	5分程度	チャンスに気づくシート
STEP 3 課題を次の行動に活かす（創意工夫し理想に一歩近づく）	STEP 2で見出した課題を、次の行動に活かします。	状況に応じて	―	―

応用編

「感謝日記」をもっとうまく使おう

Lesson 19

あれ、悪循環？と感じたら

- □ 真の原因を突き止めているか？
- □ 対症療法になっていないか？
- □「遅刻の改善＝早く寝る」では解決しない

効果が出にくいのは、対症療法だからじゃないか？

　すでにおわかりいただけたように、感謝日記の考え方・書き方は非常にシンプルなものです。私自身の体験、そして企業研修でお使いいただいた方の反応から、すぐに効果が表われるものだと感じています。

　ただ、書き続けているうちに「なぜか思うような結果がでない。手を打てば打つほど、時間とお金を消耗するだけで、ますます悪い方向に行っている」、そんな状態になってしまう方もいるかもしれません。
　いわゆる、悪循環といわれるものです。
　悪循環には必ず、原因がありますから、まずは問題の原因を究明することが大切です。

悪循環に陥るときというのは「問題の原因を見誤り、解決策が対症療法になっている」ことが多いように思います。

　たとえば、営業マンのA君がいたとします。私たちはA君の上司です。さてここでA君の問題の原因を探ってみましょう。

遅刻の真の原因は？

　A君はやる気もあり将来有望です。前向きで行動派。安心できる存在です。しかしA君にも問題はありました。
　朝が弱いのです。時々、遅刻をするのです。上司は、彼はやる気もあるのになぜだろうと不思議でなりません（やる気があれば遅刻しないという前提は無視してください）。そこで上司は、A君が遅刻する原因を探ろうと、話をすることにしました。

上司：君はときどき遅刻をするけど
　　　その理由を説明してくれないか。
A君：だいたい寝るのが遅くなったときです。
　　　すみません。
上司：ちなみに昨日は遅くまで何をしていたんだ？
A君：翌週、客先に提出する資料を作成していました。
上司：なるほど。ご苦労様。
　　　しかし遅刻の言い訳にはならないぞ。
　　　なぜ来週に提出するものをいまから作成する必要があるんだ？

A君：早く作成しておけば安心ですし、
　　　早いことはいいことだと思いまして。
上司：それはいい心がけだな。
　　　しかし仕事の重要度と緊急度を考慮したうえで、
　　　スケジュールを管理すべきではないかな？
A君：はい、たしかに。
　　　スケジュール管理はやっていますが、
　　　重要度と緊急度は考慮していませんでした。
上司：それらを考慮したら、業務は改善されそうか？
A君：そうですね。試してみます。

　どうもA君の遅刻の原因は、スケジュール管理にありそうだと上司は考えました。そこで上司はA君に、タイムマネジメントに関する本を1冊渡し、それを試してみるように指示を出しました。
　すると——A君はその本で勉強し、仕事の重要度と緊急度も考慮したうえでスケジュール管理もできるようになり、遅刻はなくなったのです。

　解決策（＝タイムマネジメントのスキルの習得と実践）は、問題の原因（＝仕事の重要度と緊急度を考慮したスケジュール管理ができていない）を突き止めることができてはじめて、導き出されるものです。

　もし遅刻の原因を「夜寝るのが遅いから」としていたら、解決策は「早く寝ろ」になっていたでしょう。早く寝ろ、と指示したところで、問題の根本解決には至りません。
　問題の原因が取り除かれていませんから、また同じ問題が起こった

はずです。問題となる事実から原因を特定するまで事実を掘り下げて（積み重ねて）、原因を特定することが大切です。解決策を見出すのは、原因を特定してからです。

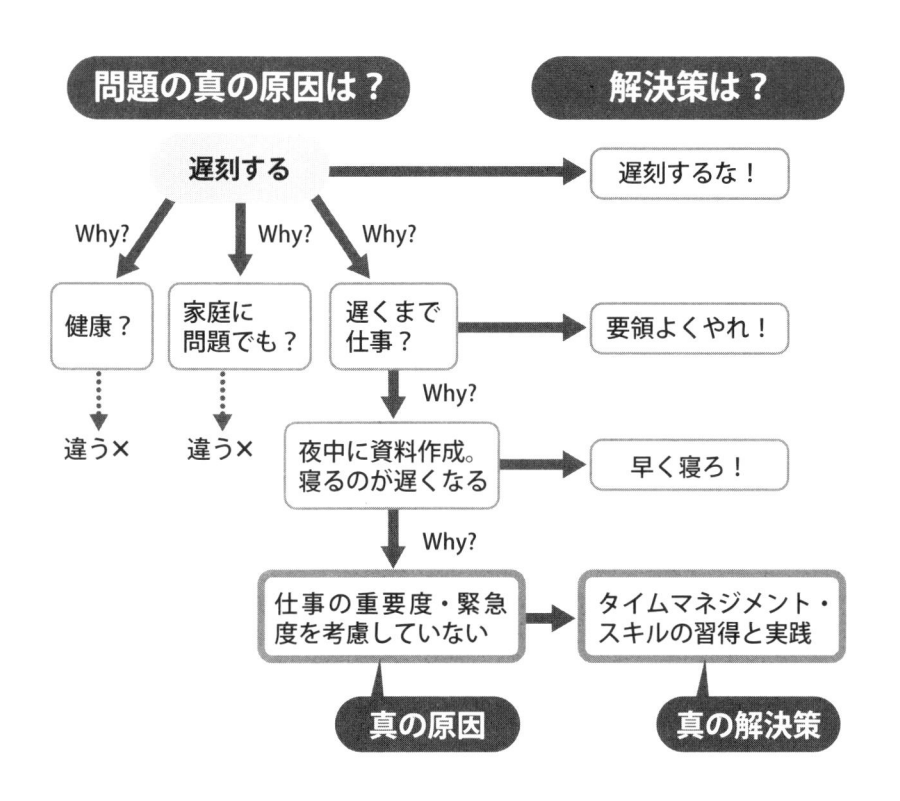

問題の真の原因は？　　解決策は？

遅刻する → 遅刻するな！

- Why? → 健康？ → 違う✕
- Why? → 家庭に問題でも？ → 違う✕
- Why? → 遅くまで仕事？ → 要領よくやれ！
  - Why? → 夜中に資料作成。寝るのが遅くなる → 早く寝ろ！
    - Why? → 仕事の重要度・緊急度を考慮していない【真の原因】 → タイムマネジメント・スキルの習得と実践【真の解決策】

もし悪循環に陥ったら、この上司のように自分の目の前で起こっている事実を客観的に掘り下げていく（積み上げていく）うちに、問題の真の原因が見つかるでしょう。

Lesson 20
何のために理想を実現したいのか

- ☐ 自分の欲望は大切
- ☐ 「世のため人のため」も欠かせない
- ☐ 自分の存在意義をときおり振り返る

理想の根本にあるミッションは？

　何のために理想を実現したいのか？
　この質問は、理想を実現させる上でもっとも重要な問いであると思います。理想は、なかなか思い描いた通りに実現しません。そのとき、自分を支えてくれるものが、「何のために……」という問いです。

　何のために、とは「目的」のことです。会社でいえば「企業目的」あるいは、「ミッション（使命）」といわれるもので、その会社の社会的な「存在意義」といっていいでしょう。
　たとえば、事務用品の配送サービスを手がけるアスクルをご存知でしょうか。
　アスクルの存在意義は「顧客ニーズに応えながら常に進化し、すべてのオフィスをハッピーにする」というものです。

このミッションのもとに、オフィスで使用する事務用品を翌日には一括配送するというユニークなビジネスモデルを構築し、事業を展開しています。

存在意義が世の中に受け入れられた結果、事務用品販売業界で売上高1位という実績をあげているのです。売上高は2位以下の企業の2倍以上にものぼります。

「世のため人のため」──大義名分も必要

企業の話はこれくらいにして、ここで申し上げたいのは、個人においても、理想（目標）を実現するためには、「目的」が必要ではないか、ということです。

決して偉そうなことを申し上げるつもりはありませんし、そんな身分でもありませんが、自分で会社をつくった実体験を通して、目的の大切さに改めて気づいたので、少し触れさせてください。

理想を実現したいと思う目的にもいろいろあります。

「お金持ちになりたい」

「いい車に乗りたい」

「豪邸に住みたい」

これらが決して悪いことだとは思いません。むしろ、自身の欲望を直視することは、理想を実現する上できわめて大切なことです。

しかしながら、自分の欲望を満たすためだけの目的だと、理想をなんとしてでも実現しようという、ふんばりが効きません。

そこに「何のために」という大義名分がないからです。

人が理想を実現したいと思うのは、マズローの欲求五段階説で申し上げると、自己実現の欲求です。

●マズローの欲求五段階説●

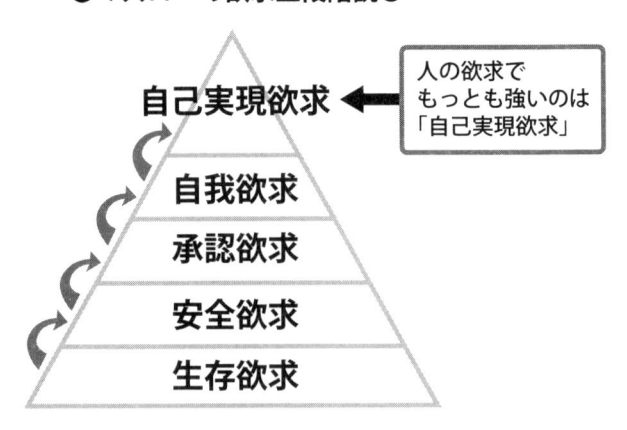

- 自己実現欲求
- 自我欲求
- 承認欲求
- 安全欲求
- 生存欲求

人の欲求で
もっとも強いのは
「自己実現欲求」

　では自己実現とは何かといえば、私の解釈では、自己の「存在意義」を感じることだと思います。

　存在意義を実感できるときというのは、月並みな言葉ですが、「世のため人のため」になることしたとき、だと思います。

　「世のため人のため」というと、きれいごとに聞こえるかもしれません。しかしだれでも、他人に喜んでもらったときというのが、いちばん嬉しいものではないでしょうか。なぜ嬉しいのかといえば、他人に喜んでもらったことで、自分の「存在意義」を実感できるから、ではないでしょうか。

　自己のエゴを満たすための目的も必要だと思いますが、それを満たすためには、「世のため人のため」になる「目的」を見出すことも、きわめて大切なことだと思います。

　感謝日記をつけて理想を実現しようとする中で、ときおり「世のため人のため」という目的について振り返ってみると、よりいっそう効果が出てくるでしょう。

Lesson 21

強烈な願望を心に抱く

- [ ] まず思いありき
- [ ] 「与えてもらおう」では得られない
- [ ] 解答は自分で見出す

思わなければ実現しない

「心に思い描いたことは実現する」

これは、私が京セラ名誉会長の稲盛和夫氏の講演会で聞いた言葉です。稲盛氏がこのことに気づいたのは、経営の神様、松下幸之助氏の「ダム式経営」の講演会に参加したときだそうです。有名なエピソードなので、ご存知の方も多いかもしれません。

私が講演会で聞いたエピソードはこのような内容でした。
松下幸之助氏がダム式経営について講演を終えたあと、聴講者の一人がダム式経営について、質問をしたそうです。

「ダム式経営の必要性はわかります。我々も余裕のある経営でありたいと思っています。しかし、そのダム式経営のつくり方について教

えてくれないことには、講演を聴きにきた意味がないではないか」

　松下幸之助氏は、困った表情でボソッとこう答えたそうです。
「そうりゃ、私もわかりまへんのや。つくり方はわかりまへんけど、まずダムをつくろうと思わないけまへんな……」

　会場はいったん静まり返った後、聴講者から失笑が漏れました。そのとき、会場後方で聞いていた稲盛和夫氏には、電撃が走ります。
「そうや！　余裕がある経営をしたい、と思わないかんのや。強く強烈に思うから何とかしようと思い、ダム式経営に近づくんや。思うことがはじまりであり終わりなんや。思うことがはじまりであり解なんや」

　私は本書を通じて、「思えば理想は実現する」とまで申し上げることはできませんが
「思わない限り、理想を実現することは１００％ありえない」
　ということはいえると思います。
　理想を実現したいと思うのであれば、まずは「思いありき」ではないでしょうか。

　さらに興味深かったのは、「聴講者がダム式経営のつくり方を教えてくれないことには、講演を聴きにきた意味がないではないか」と質問したことです。
　この質問をされた聴講者は、きっと松下幸之助氏から答えを「与えてもらおう」と考えていたのでしょうか。

自分で見出す！　──強烈な願望を持て

　答えは与えられるものではなく、自分で見出すものと考えておかなければ、思考が停止してしまうばかりでなく、何かしらの手法（この場合はダム式経営）に頼ろうとしたときに、足元をすくわれるようにも思います。

　稲盛和夫氏のいうとおり、ダム式経営でありたいと強烈な願望を心に抱き、それに少しでも近づこうと考える中で、目の前のチャンスに気づき、それをつかむことができるのかもしれません。

　感謝日記を使っていただく際にも、心にとどめておいていただきたいことです。

Lesson 22

課題をうまく実行するには？

☐ 夢を実現する手段をリストアップする
☐ うまくいくのか？　リスクと実現可能性を検証する
☐ それでもやりたいのか？　を自分に問う

"竹やり精神"だけではだめ

　課題に気づき、次の行動に活かす──そのためにも大切なことは「意思決定のプロセス」を明確にしておくことです。
　人生は一度しかありませんから、「もうやるしかない！」「一か八かだ！」という竹やり精神だけでは、うまくいくものもいかなくなります。

　たとえば、ある夢を実現するために「3年以内に年収を1000万にする」という目標を設定したとしましょう。この人の現在の年収は600万で、目標とのギャップは400万です。3年以内に年収を400万アップするのは現実的ではありません。
　だからといってこの段階で「無理」だと証明することはできません。もしこの時点で諦めてしまうようでは、本当にやりたい夢ではな

いのでしょう。この人はどうしてもその夢を実現させたいのか？
　この例を用いて、意思決定のプロセスについて考えてみましょう。

収入アップの手段を考える

　まず最初に、400万円のギャップを埋めるための可能性を探ってみなければなりません。
　年収1000万を実現するための手段を大きくわけると
「会社からの収入を増やす」
「会社以外からの収入を増やす」
の2つが考えられます。
　次にそれぞれの手段の具体的な方法を考えてみる必要があります。
　会社からの収入を増やすのなら――
① 「Aプロジェクトを成功させて臨時賞与を得る」
② 「2年後の昇進試験を受けて部長に昇進する」
③ 「給与体系を歩合給にしてもらう」
など。

　いっぽう、会社以外からの収入を増やすのなら――
④ 「株式投資」
⑤ 「夜のバイト」
⑥ 「保険を解約する」
といった手段が考えられます。

　すべての手段を同時に進めることはできませんから、実行可能な範囲でいずれかの方法に絞らなければなりません。そこで適切な絞込み

をするために、２次元のマトリックスを使ってみます。

横軸は「実行のしやすさ」、縦軸は「目標達成の見込み度」と書いて、前にリストアップした手段をこのマトリックスにプロットしていきます。

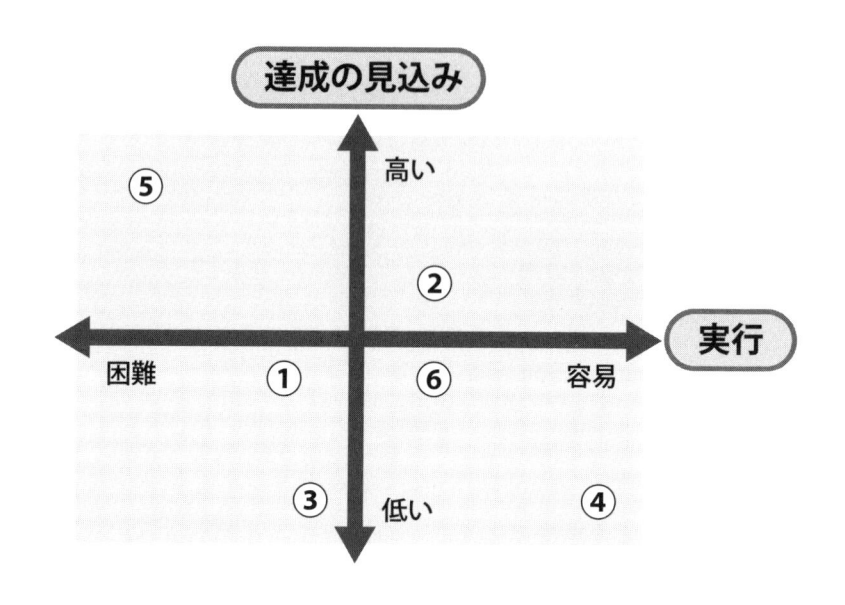

```
              達成の見込み
                  ↑
                  高い
         ⑤
                  ②
    ←─────────────┼─────────────→  実行
     困難    ①    ⑥    容易
              ③   低い   ④
                  ↓
```

すると、手段②「２年後の昇進試験を受けて部長に昇進する」がもっとも現実的で達成の見込みが高いとわかりました。

これらはあくまでも仮説にすぎないので、検証してみることが必要です。

⑥はすぐにでもできるものですから検証も必要ないでしょうが、問題は②です。会社で前例があるのか？　昇進率は何％なのかなどを調べてみる必要もあるでしょう。

前例があって昇進率もまぁまぁだということがわかると、最初は無理だと思っていた方法でも実行できそうな気がしてきました。

　そこでさらにもう一歩突っ込んで検討してみましょう。手段②と⑥の「リスク」を検討してみるのです。
　②の方法だと、仕事を終えてから英語と財務会計の学習に相当の時間を割かなければいけないことがわかりました。これから２年の間、週末に家族や友人との時間を犠牲にしなければなりません。
　⑥の方法では、もし自分に何かがあったときに家族に迷惑をかけることになるかもしれません。⑥のリスクはあまりにも高いので使おうにも使えません。

リスクを理解し、それでもやりたいか？

　これは意思決定のプロセスの一例にすぎませんが、仮にこのような状況に自分の身を置いたときに、それでも本当にそれをやりたいのか？　を問うてみて、「それでもやりたい」という返事ができなければなりません。いずれにしても、何かを決断するときには熟考を重ねた上で、計算されたリスクをとるべきです。
　その上でやると決めたのなら、やってみなければわからないわけですから、そのときこそ「もうやるしかない！」の竹やり精神で、目標を達成できるまで食らいつくことが大切なのだと思います。

Lesson 23
「失敗したかな」と思ったら

- □「本当の失敗」と「糧となる失敗」がある
- □「糧となる失敗」は失敗ではない
- □ 自分の選択で「糧となる失敗」にできる

失敗には2種類ある

　人は、期待した成果を得ることができなかったとき、あるいは、仕事で大きなミスをしてしまったときに、「失敗した」といいます。できれば失敗とはご縁を持ちたくありませんが、現実はなかなかそうもいきません。

　壮大な理想を描いている人ほど実現に至る道は長く、その分、失敗と向き合う機会も多くなるかもしれません。

　いずれにしても、間違いなく失敗に出会うことになるのですから、上手につき合っていきたいものです。

　私は失敗には2種類あると思います。
　「糧となる失敗」と「本当の失敗」
　この2つです。

たとえば、発明王のトーマス・エジソン。彼のエピソードは有名ですからご存知の方も多いと思います。

彼は数々の発明をし、世の中に多大な貢献をしました。ところが、その発明の裏には普通ではありえない数の「失敗」もあったそうです。その数、何万回——。

もしエジソンが、最初の失敗で発明を諦めていたとしたら、多くの発明品が今日のように日の目をみることもなかったでしょう。こうなったら「本当の失敗」です。

ところが、エジソンは諦めませんでした。彼は失敗するたびに

「この方法は違うということがわかった。失敗の数だけ成功に近づいている。99回の失敗の後に、ようやく1回の成功が得られればいいほうだ。ネバーギブアップ！」

そういって、挫けそうな研究所の仲間を鼓舞したそうです。そして、失敗を次の実験に活かし、数々の発明品を世に送り出したのです。

「おかげ」で誕生した＝「糧となる失敗」

たしかに、失敗した実験のみを捉えれば単なる失敗でしかありません。しかし、失敗した実験のおかげで発明品がこの世に誕生した、と考えるなら、その失敗は単なる失敗ではありません。

発明品を生み出すために必要な、「糧となる失敗」です。

私たちは、本当の失敗、糧となる失敗をみずからの意思で選択できます。エジソンのように、私たちもそれぞれの理想の実現に向けて最後まで諦めることなく実現しようではありませんか。

ネバーギブアップ！

Lesson 24

力がつくまで「なにくそ感謝」で！

- □ 「悔しさ」を抱くこと自体は悪いことではない
- □ ファイティングポーズをとりつつ感謝しよう
- □ 期限を決めるとモチベーションは高まる

悔しい思いは相手からの"激励"

　「ちくしょう！」「悔しい！」「このやろう！」――感謝日記にこのような言葉が登場することもあるかもしれません。毎日こんな言葉しかないようでは困ったものですが、悔しさというのは、必死で取り組んでいるからこそ感じることであって、決して悲観するようなことではありません。

　しかし、だからといって悔しい思いをするだけでいいのかというと、そうではありません。できることなら、1日も早く、嬉しい出来事への感謝にあふれた感謝日記にしたいですね。

　自分の成したいことを通じて相手に「ありがとう」といっていただくためには、その人の抱える問題を解決できるだけの「力」を養わなければなりません。

悔しい思いをするというのは、相手が「お前もっと力をつけろ」と教えてくれている、と思えばいいのです。

「仕事が伸びるか伸びないかは、世の中が決めてくれる。」

　故松下幸之助氏の言葉です。
「評価」は世の中が下すものであり、その評価を素直な心で受け止め、それを機会として活かしなさい。そうすれば力がついて、仕事も伸びる──こんな意味なのかもしれません。

　悔しいときには、マイナスのエネルギーをプラスに転じることが必要です。
　お客様から「ありがとう」の心がのったお金をいただけるレベルに達するまで、「なにくそ！」といって心のファイティングポーズをとりつつ、目の前の出来事におかげ様発想で感謝するという、矛盾を受け止める力を養成していきたいものです。

　悩んでいても問題は解決しないわけですから、冷静に現状を振り返りながら、本当の問題（原因）は何か？　その原因を解決するにはどんな方法があるのか？　想像力を働かせて問題解決に取り組むしかありません。

　ただ、全力で創意工夫してやってはみたけど、思うような結果がだせないこともあるかもしれません。そんなときは、潔く諦めて別の道に進むことも検討すべきでしょう。

バーンレイトを決めて夢に近づこう

　企業にはバーンレイト（資金がなくなるまでの期間）というものがあります。資金がなくなれば会社はアウト。倒産です。
　これと同様に、個人の夢を実現する上でも、あらかじめバーンレイトを決めておくことは大切なことです。
　「いつまでに結果をだせなかったら、最初から出直す」と決めておけば、チャレンジしている最中の気合の入り方も違います。
　自分で自分のお尻に"期限という火"を点け（回避モチベーション）、「これを成したい！」という夢（接近モチベーション）を上手に設計して、取り組む姿勢に勢いをつけたいものです。

　いまの日本では、食いっぱぐれることのほうが難しいでしょう。仕事は選ばなければなんでもありますし、職業訓練校という、おそらく天国よりも素晴らしい場所もあります。
　無料で専門の先生に教えてもらいながら技術を習得できて、しかも教えを得ている身にも関わらずお金までもらえる。おまけに就職の面倒までも──。そんな、素晴らしいセーフティネットが日本にはあるのです。
　本当に成したいと思えるテーマを見つけて、それに命を掛けてみる。力が足りないのであれば「なにくそ感謝！」で自分を鍛え上げればいい。時間はかかるかもしれないけど、いずれ理想は実現できることを信じて──。

　嬉しい出来事に感謝している場面でいっぱいの感謝日記にしようではありませんか。

Lesson 25
感謝される存在をめざそう！

- □「感謝する」存在から「感謝される」存在へ
- □ 資本主義社会ではお金の上に「ありがとう」がのっている
- □「ありがとう」を集め続けるには努力が欠かせない

おかげ様発想をマスターしたら、次のステップをめざそう

　本書でこれまでご紹介してきた「感謝」は、人や周囲から与えてもらう感謝です。
　「〜のおかげ」で「〜となった」
　ということに対して感謝するものです。

　感謝することの大切さは十分お伝えしてきましたが、他人に感謝するよりも、できたら他人から感謝される存在でありたいものです。
　もっといえば、お金をもらって「ありがとう」といわれる存在をめざしたいと思いませんか？

ワタミ株式会社代表取締役、渡邉美樹氏の講演でお聞きした、大変参考になるお話を最後にご紹介します。

　資本主義社会とは、お金の上に「ありがとう」がのって飛び交う社会だ。
　あるお店で買い物をしたとき、あるいは、サービスを受けたときに、お客様はその対価としてお金を支払う。そのお金の上にお客様の「ありがとう」の心がのっているお店は、競争に勝ち残っていく。
　反対に、お金の上にお客様の「ありがとう」の心がのっていないお店は、お客様は二度ときてくれないから、自然に淘汰される。
　会社を創業するとは、何をもって「ありがとう」を集めるかを、決めることである。しかし、1回の「ありがとう」をもらったからといって、次も同じように「ありがとう」をもらえるとは限らない。
　「ありがとう」を集め続けるには、「ありがとう」をもらえるだけの価値を更新し続けなければならない。
　つまり努力し続けなければならない。
　では、人はどんなことであれば努力し続けられるのか。それは「本当に好きなこと」である。
　24時間365日、そのことだけを考えていても飽きないことである。
　つまり会社を創業するとは、何をもって「ありがとう」を集めるかを頭で考えることであり、と同時に、本当にそれが好きか？　を心で考えることである。

　この講演はこれから起業する方を対象にしていますが、私たち個人の理想の実現にも当てはまるものはないでしょうか。
　どうせ何かをめざすなら、人から感謝されるくらいのものをめざしたいものです。

そのときに大切なことは、今やろうとしていることは、本当に好きなことなのか。それを実現することによって「ありがとう」を集められるのか。
　それを考えてみる価値があるのではないでしょうか。

　どうせ1度しかない人生です。お迎えがきたときに、「○○をしておけばよかった」なんてことはいいたくありません。
　プロローグにも書いたとおり、命を引き換えにしてもいいと思えるテーマを見つけ、そして、その実現に向けて恥も外聞もすてて全力を尽くすことができれば、もし失敗したとしても、「充実した人生だった」と、自分で自分を納得させることができるのではないでしょうか。

付録

「感謝日記」全シート

●理想を描くシート●

| 理想の姿 | 編 | の役割 |

■マイルストーン

理想	現在	差	スケジュール	1ヵ月後	3ヵ月後	半年後	1年後	2年後	3年後
			目標						
			結果						
			行動1						
			行動2						
			行動3						

※着手→　終了〇　中止△　未着手×

●感謝日記● 「理想の姿」をいくつか描き、それに関連する日記を書いてみましょう。

理想の姿　　　　　　　編　　　　　　　　　　の役割

出来事	
おかげ	そのおかげで　　　　　　　　　　　　に気づいた
感謝	気づきを与えてくれた、　　　　　　　　に感謝！

出来事	
おかげ	
感謝	

出来事	
おかげ	
感謝	

出来事	
おかげ	
感謝	

出来事	
おかげ	
感謝	

出来事	
おかげ	
感謝	

出来事	
おかげ	
感謝	

付録　「感謝日記」全シート

●感謝日記●

理想の姿　　　　　　編　　　　　　　　　の役割	
出来事	
おかげ	そのおかげで　　　　　　　　　　　に気づいた
感　謝	気づきを与えてくれた、　　　　　　に感謝！

出来事	
おかげ	
感　謝	

出来事	
おかげ	
感　謝	

出来事	
おかげ	
感　謝	

出来事	
おかげ	
感　謝	

出来事	
おかげ	
感　謝	

出来事	
おかげ	
感　謝	

● 感謝日記 ●

理想の姿　　　　　編　　　　　　　の役割

出来事	
おかげ	そのおかげで　　　　　　　　　　　に気づいた
感謝	気づきを与えてくれた、　　　　　　に感謝！

出来事	
おかげ	
感謝	

出来事	
おかげ	
感謝	

出来事	
おかげ	
感謝	

出来事	
おかげ	
感謝	

出来事	
おかげ	
感謝	

出来事	
おかげ	
感謝	

●感謝日記●

理想の姿　　　　編　　　　　　　　　の役割
出来事
おかげ　そのおかげで　　　　　　　　　　　　に気づいた
感 謝　気づきを与えてくれた、　　　　　　　　に感謝！

出来事
おかげ
感 謝

出来事
おかげ
感 謝

出来事
おかげ
感 謝

出来事
おかげ
感 謝

出来事
おかげ
感 謝

出来事
おかげ
感 謝

●感謝日記●

理想の姿　　　　　編　　　　　　　の役割

出来事	
おかげ	そのおかげで　　　　　　　　　　　　に気づいた
感 謝	気づきを与えてくれた、　　　　　　　　に感謝！

出来事	
おかげ	
感 謝	

出来事	
おかげ	
感 謝	

出来事	
おかげ	
感 謝	

出来事	
おかげ	
感 謝	

出来事	
おかげ	
感 謝	

出来事	
おかげ	
感 謝	

付録　「感謝日記」全シート

●感謝日記●

理想の姿	編	の役割

出来事	
おかげ	そのおかげで　　　　　　　　　　　　に気づいた
感謝	気づきを与えてくれた、　　　　　　　　に感謝！

出来事	
おかげ	
感謝	

出来事	
おかげ	
感謝	

出来事	
おかげ	
感謝	

出来事	
おかげ	
感謝	

出来事	
おかげ	
感謝	

出来事	
おかげ	
感謝	

●感謝日記●

理想の姿　　　　　　編　　　　　　　　の役割

出来事	
おかげ	そのおかげで　　　　　　　　　　　　に気づいた
感 謝	気づきを与えてくれた、　　　　　　　　　に感謝！

出来事	
おかげ	
感 謝	

出来事	
おかげ	
感 謝	

出来事	
おかげ	
感 謝	

出来事	
おかげ	
感 謝	

出来事	
おかげ	
感 謝	

出来事	
おかげ	
感 謝	

付録　「感謝日記」全シート

●感謝日記●

理想の姿　　　　　編　　　　　　　　の役割

出来事	
おかげ	そのおかげで　　　　　　　　　　　　　に気づいた
感 謝	気づきを与えてくれた、　　　　　　　　　に感謝！

出来事	
おかげ	
感 謝	

出来事	
おかげ	
感 謝	

出来事	
おかげ	
感 謝	

出来事	
おかげ	
感 謝	

出来事	
おかげ	
感 謝	

出来事	
おかげ	
感 謝	

● チャンスに気づくシート ●

| 原因1 | |
| 課題1 | |

| 原因2 | |
| 課題2 | |

| 原因3 | |
| 課題3 | |

| 原因4 | |
| 課題4 | |

| 原因5 | |
| 課題5 | |

※ひとつの原因に対して課題は、ひとつである必要はありません。

付録 「感謝日記」全シート

●チャンスに気づくシート●

原因1	
課題1	

原因2	
課題2	

原因3	
課題3	

原因4	
課題4	

原因5	
課題5	

※ひとつの原因に対して課題は、ひとつである必要はありません。

●チャンスに気づくシート●

原因1	
課題1	

原因2	
課題2	

原因3	
課題3	

原因4	
課題4	

原因5	
課題5	

※ひとつの原因に対して課題は、ひとつである必要はありません。

おわりに　　理想の実現に導いてくれる言葉「おかげで──」

　「〜のおかげで」を上手に使って夢に一歩近づく──本書で取り上げた「おかげ様発想」は使えそうでしたか？　特殊でした？　それとも当たり前のことでしたか？
　いずれにしても、目の前の出来事を「〜のおかげで」と置き換えて発想してみるだけのことですから、手間もかかりません。歩きながらでもいいでしょうし、眠りにつく前のベッドの中でも構いません。どこにいてもできる簡単なものですから、ぜひ、試していただければ幸いです。
　いままで見えていなかったチャンス（機会）に気づくことができるはずです。そして、その機会を活かして夢に一歩近づきたいですね。

　「〜のおかげで」は、日本では馴染みのある言葉です。意識しないままに口にしていることも少なくありませんから、思いのほか自分では気づきにくいかもしれません。
　「いゃあ、君のおかげで助かったよ」「今回の件は○○さんのおかげだね」あるいは「今思えば、血も涙もない上司のおかげで力がついた」「あの時の口うるさいお客のおかげで会社が鍛えられた」、照れくさくて口には出せないけど心の中で思うこともあるでしょう。
　このように、「おかげ」を使う場面は、嬉しいとき、悔しいときとさまざまですが、少なくとも自分に何かしらの利益になっていることは間違いありません。
　であるならば、遅かれ早かれ自分の身になることはわかっているわけですから、目の前の環境が十分ではないにしても、目の前のことに

感謝しつつ、今やるべきことを大切にして前向きに取り組んでいきたいものです。むしろなんでもそろっている環境から理想を実現するよりも、十分でないところからなんらかの価値を成し遂げるほうが、達成感も喜びも大きいでしょうし、なによりやりがいがあります。

　このように考えてみると、どんなときでも「ありがとう」といえる心の準備をしておくことは、理想を実現するためにきわめて大切なことのように思います。

　本書は、私のこれまでの体験の中で気づいたこと学んだことを、自分自身の実体験を交えながら書いてまいりました。これも両親をはじめ、前職でお世話になった社長、同僚、その他多くの皆さまのおかげです。

　本来なら、お名前をお一人ずつあげてお礼を申し上げたいところですが、とても書ききれませんのでご容赦くだされば幸いです。心より感謝しております。

　また出版の機会を与えてくださった同文舘出版の古市達彦ビジネス書編集部長をはじめ、私の拙い文章を何度も編集くださいました竹並治子さん、その他、デザイン、営業等でお世話になった方々に、この場を借りてお礼申し上げます。

　最後に、本書に貴重な時間を割いてくださいました読者の皆さまに、心よりお礼申し上げます。読み終えたあとに、本書にお支払いいただいた「お金」の上に「ありがとう」をのせていただけるかどうか──気になるところではありますが、何かひとつでも今後に活かせるものがあれば幸いです。

2007年7月　　柳澤三樹夫

参考文献

『幸福な営業マン』長尾一洋著　ダイヤモンド社

『道をひらく』松下幸之助著　ＰＨＰ研究所

『モチベーション』松井賚夫著　ダイヤモンド社

『自己発見の心理学』国分康孝著　講談社

『イノベーションと企業家精神』P.F.ドラッカー著　ダイヤモンド社

著者略歴

柳澤三樹夫（やなぎさわ　みきお）

株式会社ミッション・ディスカバリー代表取締役社長
1971年福井県生まれ。福井工業大学経営工学部卒。
大手経営コンサルティング会社を経て、2001年株式会社ＮＩコンサルティングに入社。2004年部長職を経て、2006年3月退職。同年5月、株式会社ミッション・ディスカバリーを設立、代表取締役就任。ＮＩコンサルティング社の「顧客創造日報シリーズ（可視化経営支援システム）」を活用した、全社営業体制の確立、及び、的確な経営判断をサポートするための仕組みを提供。これまで中小企業から大企業まで約200社の支援実績を持つ。

ＵＲＬ：http://www.mndy.co.jp
お問合せ：info@mndy.co.jp

書くだけで理想を実現！
1日3行「感謝日記」

平成19年9月12日　初版発行

著　者　——　柳澤三樹夫

発行者　——　中島治久

発行所　——　同文舘出版株式会社
　　　　　　　東京都千代田区神田神保町1-41　〒101-0051
　　　　　　　電話　営業03（3294）1801　編集03（3294）1803
　　　　　　　振替 00100-8-42935

©M.Yanagisawa　ISBN978-4-495-57541-0
印刷／製本：日経印刷　Printed in Japan 2007

仕事・生き方・情報を DO BOOKS **サポートするシリーズ**

あなたのやる気に1冊の自己投資！

ビジネスではアサーティブに話そう！
「言いたいことが言えない人」のための本

卑屈にならず、高圧的にならず"素直"なコミュニケーションをとるには？

メンタルヘルスケア研究所　畔柳修著／本体 1,300円

「同僚に頼みごとができない」「上司に反論できない」「部下を叱れない」
──職場のコミュニケーションには"アサーティブ"が効く！

会社を変え、組織を活かす
「自立型社員」はこうつくる！

なぜ今、「自立型社員」が求められるのか？

船井総合研究所　高嶋栄著／本体 1,400円

一人ひとりを、自立して稼げる社員に育てることで、企業は活性化する。これからの企業の人材革命は、自立型社員の情熱から始まる！

新人のうちにマスターしたい
接客・サービスの超基本

お客様を感動させる"プロ"になろう！

船井総合研究所　渡部啓子著／本体 1,300円

プロの身だしなみ・挨拶・言葉遣い、接客用語、売上と利益の関係、クレーム対応・リピーターづくりなど──接客・サービスの基礎知識を網羅！

同文舘出版

本体価格に消費税は含まれておりません。